ちくま新書

「性格が悪い」とはどういうことか

――ダークサイドの心理学

小塩真司
Oshio Atsushi

1806

「性格が悪い」とはどういうことか――ダークサイドの心理学【目次】

序　章

†名前をつけられることで注目される

「ガクチカ」という言葉を聞いたことはあるでしょうか。大学の授業を受講した学生が書いた感想で、私は初めてこの言葉を知りました。

最初は「何の省略形だろう」と、まったくもととなる言葉を思いつかなかったのですが、ネットで検索してみて初めて「学生時代に力を入れたこと」の省略形だということを知ったのでした。「学」「力」から「ガクチカ」です。

「学生時代に力を入れたことは何ですか？」という質問は、就職活動の面接で学生たちがよく投げかけられる問いなのだそうです。おそらく昔から同じような質問が就活の場面で出されていたのではないでしょうか。しかし、あまりに多くの就活の面接場面でこの問いが出されてきたことと、学生たちも「どう答えたらよいのだろう」と戸惑うことが多いこともあるのだろうと想像されます。それでとうとう、一言でこの質問を表現する「ガクチカ」という名前がつけられてしまったというわけです。

いったん名前がつけられると、この質問そのものに焦点が当てられるようになります。面接する側は、「次の学生にはガクチカを聞いておくか」とか「さっきの学生のガクチカはいい内容だったね」などといった会話を交わしているかもしれません。面接を受ける側も同じです。「また「ガクチカ」聞かれちゃったよ」「あそこの面接のガクチカ、なんて答えた？」といった会話が交わされている様子が想像されます。

また、名前がつけられると、対策に対する焦点も絞られていきます。インターネットで検索をすれば、きっと数多くの「ガクチカ対策」の記事がヒットしてくることでしょう。志望動機を述べるときとガクチカを述べるときではそれぞれどのような相違点や注意点があるのか、自分の特徴をガクチカの中で主張していくためにはどうしたらいいのかなど、さまざまなポイントが整理されているはずです。

何気ない行動についても、そこに名前がつけられることで、具体的な現象が浮かび上がってくるような効果が生じます。これこそが名づけの効果と言えるようなことなのですが、これはとても面白い現象です。

本書で紹介する悪い性格、ダークサイドの心理特性についても、同じような特徴があります。ふだんは何気なく人々が行っている行動やふるまい、なんとなくその人から感じられる特徴や雰囲気があります。それらをまとめて、ある一つの名前がつけられるのです。そして名前がつけられることで、ある一定の範囲の特徴に焦点が絞られて、研究の対象となっていきます。すると、その特徴の詳しい内容や発達的な形成要因、どれくらい生涯にわたって変化していくか、伸ばしたり抑制したりすることはできるのかなど、関連するさまざまな特徴が明らかにされていきます。

†面接でその人の将来を想像する

さて、面接の話をもう少し、続けてみましょう。

これまでに何度も、面接を受ける立場になったことがありますし、面接をする立場になったこともあります。

私自身の大学入試を思い起こすと、その時に面接試験はありませんでした。しかし、大学院の入試では面接を受けましたし、修士や博士の学位を取得する際には口頭試問がありました。そして最初の大学へ就職する際にも、現在の大学に移る際にも採用面接を受けています。面接を受けた経験はそれほど多くはありませんが、どの面接を思い出しても、緊張していた記憶が呼び起こされます。

大学教員になってからは、面接をする側に回る機会も増えました。大学入試での受験生を対象とした面接の経験もありますし、大学院の入学試験でも面接試験が重視されます。所属する大学教員の新規採用にかかわる面接も、私たち大学教員の大切な仕事です。

面接をしながら思うことは、「数年後にどのような学生になっているだろうか」ということです。活躍する人物になっているだろうか、学内で混乱を引き起こすような人物になっていないだろうか、無事に卒業（修了）してくれるだろうか、そんなことを何となく頭に思い浮かべながら、面接をしていきます。つまり、面接では将来を想像することが重要なのです。

ときに、将来その受験生が入学後、何らかのトラブルを引き起こしそうな予感が得られる場合があります。しかし、目の前の学生に決定的な振る舞いがあるわけではないのです。説明しづらいのですが、その学生のどこかを見て何かを感じるのでしょう。映画『スター・ウォーズ』シリーズには毎回必ず、"I have a bad feeling about this.（嫌な予感がする）"というセリフが登場する場面がありますが、まさにそのような感覚です。

†面接での直観は信用できるのか

面接の際に直観的な判断に頼るのはいかがなものか、という意見もあります。私たちの直観的な判断は、当たることもあれば大きく外れることもあるからです。私たちが直観をうまく活用するためには、直観的な判断を行った結果について、適切なフィードバックを受けることが必要です。[1] 仕事で試行錯誤を行って、成功や失敗の経験を積み重ねていくと、次第に直観的に正しい判断を行う確率が上昇していきます。

これは誰にでも生じる可能性があることで、その経験を積んでいない人から見ると、「どうして、そこでその判断ができるのだろう」と不思議に思う場面すら生じてきます。つまり、面接で直観的により正しい判断を行うためには、面接で応募者の判断を行って、採用した人が本当に入学後、入社後に活躍するという結果のフィードバックを受けて、その直観を鍛えていくことが重要なのです。

ただし、ここには一つ、大きな問題があります。面接の結果の判断は、「合格者だけ」からしか得ることができないからです。正しく結果を判断するためには、合格者と不合格者を比較しなければいけません。ところが、面接で不合格だった人は入学や入社をしてこないのですから、その不合格だった人物がその後に活躍するのかどうか、本当に不合格に相応しい程度にしか活躍できないのかについては、判断ができません。面接における直観的な判断というのは、その結果が正しいかどうかを適切に学習することができる構造にはなっていないのです。[2]

直観的な判断は、よい結果をもたらす場合もよくない結果をもたらす場合もあります。誤った判断に気づくことなく、その判断を修正しないまま時間が過ぎてしまうこともよくあることです。しかも、いったん信じてしまうことで現実の一部だけを選択して認識したり、現実を歪めて認識したりすることで「やはり当たっている」と確証バイアスに基づいて判断してしまうこともよく生じます。ですから、直観を信じすぎることもよくありません。しかしその一方で、多くの意思決定を行う必要がある中で、直観的な判断を全く信じないで毎日の生活を送ることも難しいものです。

自分の直観的な判断が正しいかどうかを考える際には、その学習が適切な環境下で行われているかどうかを考える必要があるのです。しかし、その判断を行うことは、実際にはなかなか難しい問題です。

†ダークな性格は外在化問題に結びつきやすい

心理学で行動面・心理面の問題を論じるとき、大きく二種類に分けることがあります。

一つは内在化問題、もう一は外在化問題と呼ばれます[3]。これは、幼児期から青年期くらいの若い世代に見られるさまざまな問題を整理して論じる際に用いられる枠組みです。

内在化問題というのは、落ちこんだり不安に思ったり、恐れを抱いたりするなど、自分自身の内部の問題を抱える状態のことを指します。一方で外在化問題というのは、自分自身の欲求や衝動をあまり抑制することができず、注意散漫になったり、攻撃的で反抗的な行動をとったりするなど、反社会的な行動につながりやすい状態のことを指します。

採用時や入試の面接で「嫌な予感がする」というときの内容は、内在化問題というよりも外在化問題に関係する不安だと言えます。外在化問題は、学校や職場の場面でのトラブルにもつながりやすいと考えられるからです。そうなのであれば、事前にトラブルになりそうなのかどうかを見極めたいと思うのも無理はありません。

そして、本書で焦点を当てるダークな性格特性は、外在化問題に結びつきやすい個人の特徴を指します。ただし、二次的に内在化問題が顕在化することもあります。たとえば、外在化問題が原因で周囲の人々との関係がうまくいかず、結果的に悩んだり落ちこんだり、イライラが募ったりすることへとつながる可能性もあります。内在化問題と外在化問題は大きな問題行動の分類ですが、互いに無関係なのではなく、相互に密接に関係しているのです。

†そもそも「性格」とは何なのか

本書では、ダークな性格特性と呼ばれる、一連の性格群を取り上げていきます。

そもそも、「性格」とは何なのでしょうか。

一般的に「性格」というと、人によってさまざまなイメージや疑問が浮かぶかもしれません。たとえば、性格は生まれながらのものなのだろうか、いったん形成されたらもう変わらないのだろうか、性格と気質は違うものなのだろうか、性格と能力やスキルとは何が違うのだろうか、などです。本書では、トピックごとに説明を加えながら、性格とは何かということについても説明を加えていきたいと思います。

ここでは前提として、性格は「体重とよく似た扱い方をする」と考えてはどうかと提案してみます。図①は、二〇二一年度の高校三年生男子の体重の人数分布を表したものです。体重は「重い」「軽い」と単純に分類できるようなものではなく、個々人で少しずつ違う値を示します。もちろん全く同じ体重の持ち主もいますし、図で示されているように高校三年生男子の中には三〇kg台のとても軽い人から一二〇kg以上のとても重い人たちもいま

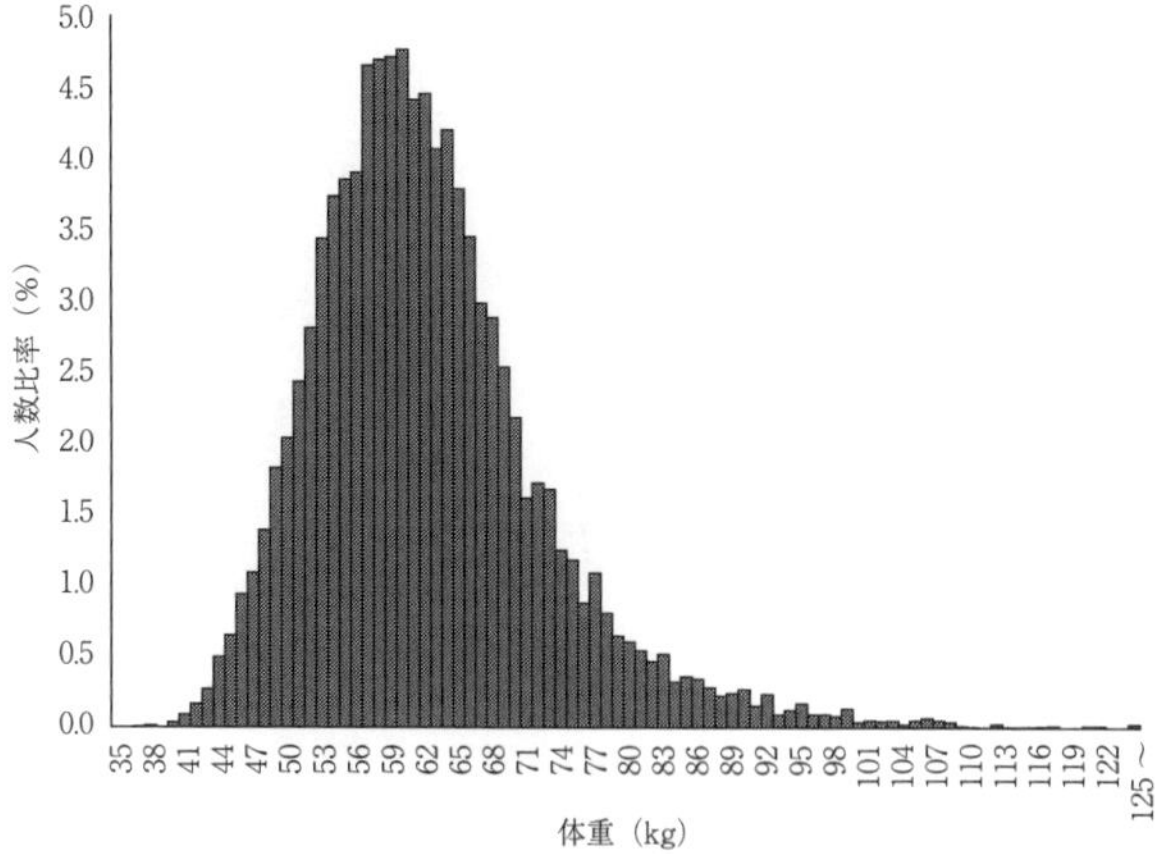

図①　高校3年生男子の体重（2021年度）

す。しかし、おおよそ多くの人はある程度の範囲におさまっていて、とても軽い人やとても重い人は多くありません。

　また、体重は安定しつつ変化もします。ダイエットや食習慣、運動習慣によって重くもなりますし、軽くもなります。ただし、すべての人が同じことをしたときに、同じように重くなったり軽くなったりするわけではありません。人によって変動の幅は異なりますし、そもそも体格が違うのですから、各個人にとって最適な体重も異なります。

　性格も同じように考えてみましょう。たとえば、外向性（逆は内向性）です。性格検査によっては、「外向型」「内向型」と分類するものもあるのですが、実際にはそのように単純に分類できるわけではなく、個々人で少しずつ違う値を示します。多くの人は平均近くに位置していて、極端に外向的な人も、極端に内向的な人も、それほど多くいるわけではありません。

そして、性格も安定しつつ変化します。進学したり、仕事を始めたりして新しい人間関係が広がっていくと、外向性も影響を受けることが知られています。[4] ただし、非常に内向的なところから非常に外向的なところへとコロコロとジャンプするように変化するわけではありません。まさに体重の変化のように、生活が変われば少しずつ変化していくのです。「性格特性」という言葉を使うときには、低い得点から高い得点まで連続的に人々が並ぶように、性格を数直線で表現することを指します。本書で扱う性格は、ここで説明したような性格特性として表現される連続性を伴ったものだと考えていただければと思います。

†よい性格と悪い性格は合わせ鏡

一九九〇年代なかば以降、ポジティブ心理学が注目されるようになりました。心理学の関心の中心が、精神的な病理や人間の弱さなどネガティブな側面から、人間の強さや美徳などポジティブな側面へと移っていく大きな流れが生じたのです。[5] もちろん、抑うつや不安、薬物乱用、統合失調症など多くの問題から目をそらしたわけではありません。予防という観点から、問題を事前に防ぐさまざまなポジティブな意味をもつ心理的側面を高めていくことに注目が集まり、その効果が確認されてきたのです。

一九九〇年にポジティブ心理学が提唱されてから二〇二一年までに発表された、ポジティブ心理学の文献の特徴を整理した研究があります。[6] この研究によると、この間に世界九六カ国・地域の研究者が五〇〇〇本以上のポジティブ心理学に関連する研究論文を発表しており、二〇二〇年前後にはそれ以前よりもさらに多くの論文が発表されるようになっていました。三〇年あまりの間に、ポジティブ心理学は現在の心理学の中でひとつの大きな研究領域へと急速に発展してきたのです。

二一世紀に入った二〇〇二年、マキャベリアニズム、サイコパシー、ナルシシズム(自己愛)という三つの性格特性に注目し、これら共通する要素をもつ三つをダーク・トライアドとまとめて呼ぶことを提唱する論文が公刊されます。[7] この論文の執筆者の一人が、カナダのブリティッシュ・コロンビア大学のデル・ポールハス教授です。それ以前まで、これら三つの性格特性は個別に研究されていました。

私自身、一九九〇年代の学生時代からナルシシズムについて研究をした経験をもちますが、マキャベリアニズムやサイコパシーについては、それぞれの研究について目にしたことはあるものの、一緒に研究しようという考えは浮かびませんでした。それぞれの性格特性は、それぞれが独自の研究の歴史をもちます。ナルシシズムを研究していた当時は、その概念の中で研究をしており、他の概念と一緒に組み合わせて研究をしようとは思わなかったのではないかと、当時を思い出します。ポールハスが提唱したダーク・トライアドは、それぞれの中で行われていた研究について扉を開け、相互に結びつけるような役割を担うこととなりました。

ポジティブな心理学的側面やよい性格への注目とダークで悪い性格への注目は、まるで合わせ鏡のような存在です。

そもそも、心理学で性格（パーソナリティ）という概念は、どちらかというと価値中立的なものとして扱われてきた歴史があります。しかし授業のなかでもよく「よい性格とは何ですか」「悪い性格とは何ですか」という質問を受けることもあります。性格の良し悪しは、その性格の内容で決まるわけではありません。性格の良し悪しは「どのような結果に結びつくか」で判断されます。よい結果に結びつくことが示された性格は「よい性格」であり、悪い結果に結びつく性格は「悪い性格」なのです。簡単に思えますが、しかしそんなに簡単な話でもありません。性格がよい結果に結びつくか悪い結果に結びつくかは、状況との兼ね合いにもよるのです。

たとえば、一人でいることよりも多くの人と一緒にいる場面を心地よく感じる外向的な人物は、社会的な関係が求められる場面では「よい」性格だとみなされます。しかし、新型コロナウイルス感染症（COVID-19）が広がり、国や自治体から自粛要請が出ているような状況下では、外向的な人物はストレスフルになったり、[8] 自宅待機をすることにがまんができず無理に外出することで感染を招いてしまったりする可能性もあります。[9] このような状況下では、外向性という性格特性は「望ましくない」ものになるというわけです。

一方で、ポジティブ心理学のムーブメントは、明らかにポジティブで望ましい心理特性やよい性格というものを正面から研究として取り上げるハードルを下げる効果をもたらしたと言えます。将来のポジティブな結果を期待する「楽観性」、ネガティブな出来事を経験して落ち込んだ状態からうまく回復する「レジリエンス」、人間関係や自然やさまざまなことに対して抱く「感謝」、物事をやりぬく力となる「グリット」、自分自身にポジティブな感覚を抱く「自尊感情」、自分を受け入れる「自己受容」、瞑想状態になりストレスを緩和する「マインドフルネス」、人生や生活について満足する程度である「人生満足度」

や「生活満足度」、心身共に満たされた状態である「ウェルビーイング」など、ポジティブ心理学のムーブメントの中で発展してきた研究テーマは非常に数多くのものがあります。

ダーク・トライアドは、このポジティブ心理学のムーブメントの裏面にあたるような存在です。ポジティブ心理学の広まりとともに、より「望ましい」とされる心理特性やよい性格を大きく取り上げる機会が広がっていきました。その流れに呼応するように、より「望ましくない」、より「悪い」と考えられる性格特性そのものを研究することについても、抵抗感が薄れていった印象があります。

†心理学の中の良し悪しの研究

見方を変えると、ポジティブ心理学とダークな性格という研究の両面は、それまで「この手の研究をあまり積極的に行わない方がいいのではないか」とイメージされてきた領域に、光を当てるものでもありました。

心理学で「よい」「悪い」を研究対象としてこなかったわけではありません。たとえば発達心理学では、より望ましい方向への年齢に伴う心理面での変化を研究対象とします。

しかし、私が心理学のトレーニングを受ける中でも、研究の中で価値観を伴う判断は慎重に行うようにと習ってきました。病理的な状態を正常へと引き戻す研究は、比較的価値観は明確です。実際に困っている人がいるのですから、それを正常な方向へと向かわせるのです。

しかし、正常範囲内で「より望ましいもの」「より望ましくないもの」を考える場合には、判断基準が曖昧になります。よくても悪くても、あくまでも「正常の範囲内」であり「健康な一般の人々の範囲内」の問題なのです。もちろん、日々の生活の中で私たちは喜んだり悲しんだり、落ちこんだりもします。ただしそれは、何も手につかず仕事も勉強も長期にわたってすることができない、日常生活が成り立たないような落ち込みや悲しみではありません。

一般の人々の中での「よさ」「悪さ」とは何なのか、何をもって「よい」とするのか、「悪い」とするのか。ポジティブ心理学やダークな性格の研究は、私たちが価値についてどのように考えるべきであるのか、判断を迫ってくるのです。

†ダークな性格の測定

ダーク・トライアドという枠組みは提唱されたものの、二〇〇〇年代はあまり注目されないまま時間が過ぎていきます。この流れが変わった一つのきっかけは、二〇一〇年にピーター・ジョナソンが発表したDark Triad Dirty Dozen（DTDD）と呼ばれる心理尺度です。[10]これは、たった一二個の質問項目で、三つのダーク・トライアドの側面を測定するという画期的な心理尺度でした。

それまで、ダーク・トライアドの研究ではマキャベリアニズム、サイコパシー、ナルシシズムはそれぞれの研究の中で開発された尺度が使われていました。マキャベリアニズムを測定するMach-Ⅳと呼ばれる尺度は二〇項目、[11]サイコパシーの心理尺度は複数のものが開発されていますがLSRPと呼ばれる尺度は二六項目、[12]SPR-Ⅱと呼ばれる心理尺度は六〇項目もあります。[13]そしてナルシシズムの尺度としてよく使われるNPIという心理尺度も海外では四〇項目版がよく使われます。[14]これらの心理尺度を使ってダーク・トライアドを測定すれば、それだけで八〇項目以上、心理尺度の組み合わせによっては一〇〇項目以上の質問項目に回答を求めなければいけなかったのです。

このような研究手続きの様子を見ると、たった一二項目でダーク・トライアドの三つの心理特性を測定できるというのが、いかに画期的な研究だったのかが想像できるのではないでしょうか。そして実際に、ＤＴＤＤが発表されて以降の二〇一〇年代は、ダーク・トライアドに関連する研究が世界中で爆発的に増加した時期でもあったのです。

この頃、特にヨーロッパで開催された性格心理学会に参加すると、ダーク・トライアドに関連する研究発表がとても多くなったという印象がありました。そこで発表されていた研究にも触発されて、ヨーロッパで開かれていた学会に参加していた日本人研究者たちと一緒にＤＴＤＤの日本語版を開発し、論文が公表されたのは二〇一五年のことでした[15]。

ＤＴＤＤはダーク・トライアドの測定をきわめて簡便なものとした意義は大きいのですが、その一方であまりに簡便化しすぎているのではないかという批判も行われます。そこで、マキャベリアニズム、サイコパシー、ナルシシズムが意味する多様な内容をもう少し加味した形で、かつ比較的簡便にダーク・トライアドを測定することができないかという目的で開発されたのが、Short Dark Triad（ＳＤ３）という心理尺度でした[16]。

開発したのは、ダーク・トライアドの提唱者であるデル・ポールハスと、その指導生で現在はネバダ大学リノ校の心理学者ダニエル・ジョーンズです。ＳＤ３はマキャベリアニズム、サイコパシー、ナルシシズムそれぞれを九項目、合計二七項目でダーク・トライアド全体を測定します。一二項目のＤＴＤＤほど少ない質問項目数ではないのですが、ＤＴＤＤよりもダーク・トライアドが意味する多様な内容を含んだ測定ができるのではないかと期待されていました。なお、このＳＤ３の日本語版尺度は二〇一七年に発表されています。[17] ダーク・トライアドを測定する代表的な心理尺度であるＤＴＤＤとＳＤ３が日本語化されたことで、日本でもダーク・トライアドの研究が行われるようになってきました。

†ダーク・トライアド研究の広がり

心理学の他の研究テーマについても同じなのですが、測定ツールが開発されると、その領域の研究が一気に増加していきます。ＤＴＤＤとＳＤ３の開発は、世界中でダーク・トライアドの研究を刺激していきました。

実際に、どのように研究の数が増えていったのかを数字で見てみましょう。アメリカ心理学会（ＡＰＡ）が提供する心理学関連の論文データベース、PsycINFOを使います。論文のアブストラクト（要約）に「Dark Triad」というキーワードが書かれている文献の数を、二〇〇一年から五年ごとに確認していきます。論文のアブストラクトには、その論文の中で扱っている重要なテーマが記載されています。アブストラクトに「Dark Triad」と記載されているということは、ほぼ間違いなくその論文の中で「Dark Triad」が、重要な概念として扱われているだろうと考えることができます。

二〇〇一年から二〇〇五年　五件
二〇〇六年から二〇一〇年　二四件
二〇一一年から二〇一五年　二〇三件
二〇一六年から二〇二〇年　五〇六件
二〇二一年以降（二〇二三年一二月末まで）　四〇八件

二〇一一年以降、発表された論文の数が一気に増えていったこと、そして現在もその勢いは衰えていないこともわかるのではないでしょうか。それだけ、現在でも世界中の多くの研究者たちがダークな性格に興味を抱いて研究を積み重ねているのです。

では、悪い性格、すなわちダークな性格とは何なのでしょうか、私たちにとってどのような意味があるのでしょうか。次の話題に進めていきましょう。

第1章

ダークな性格とはどういうものか

1　四つの典型的なダークな性格

性格が何であるかはいったん置いておき、確かなことは、性格が言葉で表現されるものだという点です。

二〇世紀のはじめ頃、アメリカの心理学者オールポートとオドバートは、辞書から人間を形容する単語を抜き出して整理する研究を行っています[18]。人間を何らかの形で形容する可能性のある単語が約一万八〇〇〇語、時間と場所を超えて安定した個々人の特徴をあらわす性格用語として用いる可能性がある単語は約四五〇〇語が見出されました。いわば、人間の性格を表現する最大の単語数は、それくらいだと言うことができそうです。ちなみに日本でも同じような試みは行われています。研究によっても異なりますが、数百から数千語が、性格を表現する言葉になりえると考えられます[19,20]。

†ダークな性格を表現する言葉

では、ダークな性格は、どのような言葉で表現されるのでしょうか。ダークな性格の場合には複雑な心理的な動きが表現されますので、単に「暗い」とか「危ない」といったように、短い単語で表現するのはちょっと難しいと考えられます。

研究で用いられている心理尺度ではないのですが、これまでの研究から描くことができる、ダークな性格それぞれの特徴を書いた短文を示します。それぞれの短文を読んで、自分にどれくらいあてはまるか、自分がどれくらいこれらのことを思いがちかについて、考えてみてください。平均点や「何点以上だとあなたはこれくらい」という、わかりやすい基準があるわけではありません。ただし、一〇の短文のうち半分以上について「そのようなことを考えることがよくある」ということであれば、あなたにはその特徴がある程度のレベルで備わっていると言えるかもしれません。

ここで示したのは、よく研究されている四つの代表的なダークな性格です。では、一つずつ説明していきましょう。

〈ナルシシズム〉

1　自分は他の人よりも能力が高い
2　周囲の人に大きな影響を与えている
3　注目の的になりたい
4　自分は賞賛されるべき人間だ
5　自分がいなければ何もかもうまくいかない
6　自分は有名な人物になるはずだ
7　周囲の人を言いくるめるのは得意だ
8　批判されると怒りが収まらない
9　自分の弱さを見せたくない
10　注目されないと気分が落ちこむ

〈サディズム〉

1　血が吹き出る場面を見るとわくわくする
2　激しい格闘技を見るのが好き
3　グロテスクな場面をつい何度も再生する
4　人が苦しむ様子をつい見てしまう
5　他の人が苦痛を抱くことを期待することがある
6　リアルに死ぬ場面があるゲームが好みだ
7　正直言うと、人を傷つけてみたい
8　戦闘場面を見るのが好き
9　自動車事故やカークラッシュの動画をつい見てしまう
10　負けた人を馬鹿にしたい時がある

表① ダークな性格の特徴

〈マキャベリアニズム〉
1 力のある人は味方につけておきたい
2 復讐するなら最適なタイミングを待つべきだ
3 自分が不利になるようなことを伝える必要はない
4 人をうまく動かすのは難しいことではない
5 何かに利用できる情報がないか気にかけることも大切だ
6 他人を信頼しきってしまうのは誤りだ
7 嘘をつくこともときには必要だ
8 うまくいかないことはできるだけ自分の責任にしたくない
9 秘密を守り通すことも重要だ
10 世の中は弱肉強食の世界だと思う
〈サイコパシー〉
1 報復するときは手加減せず冷酷にすべきだ
2 自分の敵に対しては容赦しないつもりだ
3 欲しいものは必ず手に入れる
4 退屈さを感じることが多い
5 しっかり計画を立てるよりすぐ行動する
6 お金や地位を目標にして行動する
7 損か得かを考えることが大切だ
8 他の人が苦しんでいても気にならない
9 他の人のために何かをすることはばからしい
10 見つからなければ少しくらい無茶をしても構わない

2　マキャベリアニズムとサイコパシー

†マキャベリアニズムの発見

一九五〇年代半ば、アメリカのコロンビア大学の社会心理学者であり性格心理学者でもあったクリスティは、政治的行動の研究プロジェクトに参加する中で、特定の特徴をもつ人々に関心を抱いていきました。それは、民族的な偏見を公言するような人々であり、政治的には右派で過激派に属するような人々でした。文献を整理する中で、他の人々を操作するというのが、その特徴の中心にあるのではないかと考えられていきました[21]。

このような人物の特徴は、次の四点にまとめられます。

第一に、対人関係における感情の欠如です。他の人々を思い通りに動かすためには、相手に共感するのではなく、調べるべき対象として見ることが必要となります。他の人に感情移入すれば、相手の視点に立ち相手の気持ちになって物事をとらえる場面が増えていきます。しかし相手にその人が望まないことをさせようとするためには、感情移入をしないことが有利になるのです。

第二に、従来からある道徳の内容に関心を抱かないことです。他の人々を自分の思い通りに動かそうとすることは、一般的にあまり好ましいことだとは思われていないと考えられます。そして、操作される側と操作をする側の立場について考えてみれば、相手を操作する側は、何が道徳的であり何が許されないのかという問題をあまり気にしていないのではないかと想像されます。

第三に、重大な精神病理を持たないことです。他の人を操作するという特徴をもつ人は、他の人がどのような状況にあるのか、また現在自分を取り巻く状況がどのようなものであるのかについて、現実を歪めた見方をしている可能性があります。しかし一方で、他の人をうまく操作するためには、病理的な範囲ではなく、正常な範囲内で物事を見る必要があります。事実を正しくとらえて、計画的にうまく相手を操る必要があるからです。

第四に、イデオロギーへのコミットメントの低さです。他の人を自分の思い通りに動かすときには、物事をうまくなし遂げることに焦点を当てる必要があります。一方で、思想信条や自分が所属する集団が将来的に向かう先のことには、あまり意識が向かわないと考えられます。他の人を思い通りに操作しようと試みる人は、大きな理想よりも、自分自身の目の前にある成功のための戦術に焦点が当てられているのです。社会全体の大きな達成や、組織の成功よりも、個人の利益に焦点が当てられる傾向があるのです。

クリスティらは、人々の上に立つ権力をもつ人々へのインタビューや文献調査を繰り返す中で、一五世紀から一六世紀にかけて現イタリアのフィレンツェ共和国の秘書官や外交官を務めた、ニッコロ・マキャベリの著作に注目します。マキャベリの著作では、歴代の君主や権力者の事例を挙げながら、権力を得て保持し続けるために必要とされる技量がまとめられています。しかしその一方で、このマキャベリの著作の読者たちの中には、政治や政治家に対してネガティブなイメージを抱く人々も多くいたようです。その結果として一七世紀にはすでに、狡猾で権謀術数を使う政治の議論の中で、どのような手を使っても国家の利益を最優先で考える姿勢のことを、マキャベリアニズム（Machiavellianism）と呼ぶようになっていったようです。

クリスティらは、マキャベリの君主論の内容に合致すると考えられる七一項目をまとめて、Mach-IIと呼ばれるマキャベリアニズムを測定する心理尺度を作成しました。ちなみに「Mach」は、「マッハ」と呼ばれています。この尺度からさらにMach－IVやMach－Vと呼ばれる改訂版の心理尺度が構成されていき、マキャベリアニズムに関する研究は多方面に発展していきました。

マキャベリアニズムの特徴は、「目的は手段を正当化する」という言葉に集約されます。社会的なルールを軽視することに加えて、戦略的に他者を利用すること、操作しようとすること、斜に構えた形で世界を見ることなども、マキャベリアニズムの特徴です。そして、測定されたマキャベリアニズムの特点は、次に述べるサイコパシーの特点と重なる部分が大きいという特徴ももちます。この点は、異なる研究の文脈から研究が進められてきたにもかかわらず、ダークな性格として重複する部分があることの一つの証拠となります。

†サイコパシーという心理特性

まず、「サイコパス」という言葉は人物のことを指し、「サイコパシー」という言葉はサイコパスがもつ心理的な特性のことを指すものだと区別しておくことは重要です。一般的な「サイコパス」という言葉の使われ方としても、猟奇的な特徴をもつ「人物」を指すときに用いるのではないでしょうか。一方で、心理学の研究の中では、人物よりも性格特性そのものに焦点が当てられることが多くなります。サイコパスがもつ心理的な特徴を指すときには、「サイコパシー」という言葉を使うことになります。

サイコパシーという概念も古くから取り上げられており、この概念の存在自体を否定する研究者も肯定する研究者もこれまでに数多く存在しています。[22] 一九世紀にはフランスの精神科医フィリップ・ピネルが、衝動性や暴力傾向を伴う精神疾患の存在について記述しています。そしてその後、背徳症や道徳的狂気とも訳される「moral insanity」という言葉が用いられるようになっていきます。これは道徳的な感覚における問題を記述する用語で、現在のサイコパシー概念に通じる部分があるのですが、現在のように精神病理の病態が整理されるよりもずっと前の時代の概念です。この言葉で表される範囲の中には、現在の躁うつ病や発達障害など、広く多くの特徴が含まれています。

二〇世紀に入ると、自己中心的で社会とあまりかかわりをもたず、攻撃性や衝動性をもち、罪悪感が欠如しており、愛情を伴った人間関係を形成することが難しいという特徴をもつ人物として、サイコパスへの関心が高まります。そしてサイコパスは、心理学や精神医学の研究対象としても、興味深い人物像の一種として書籍の中でも取り上げられるようになっていきます。ちなみに日本では当時、サイコパシーというカタカナの訳語よりも、「精神病質」という言葉のほうがよく使用されていました。

精神病質という言葉は、ドイツ語のPsychopathischという単語の訳語として作られました。[23] このドイツ語の単語自体、精神障害的あるいは精神病的という広い意味で用いられており、多くの精神的な障害を包括する意味をもっていました。その後、精神医学の研究が発展する中で、精神疾患をあらわす別の専門用語が用いられるようになって以降、精神病質という言葉から精神疾患の意味が失われていきます。結果的に、精神病質は現在のサイコパシーに近い意味をもつようになっていったのです。

ところで「社会に反する」という言葉を使うときに、「反社会的（antisocial）」と「非社会的（asocial）」という二つの表現があります。反社会的という言葉は「反社会的勢力」や「反社会的集団」という表現で用いられるように、社会の常識や習慣から逸脱することを指します。一方で非社会的という言葉は、他者と一緒にいることを避け、社会から距離を置いた状態のことを指します。サイコパシーの持ち主は「反社会的」と表現されることがあるのですが、意識して他者を傷つけようと意図するわけではなく、自らがもつ自己中心的な欲求に対して社会がそれを妨げてしまうことが多いことから、結果的に反社会的な状態になってしまうことが多いと考えられています。この点で、サイコパスは反社会的というよりも非社会的なのだという指摘もなされているようです。[24]

†典型的なサイコパスとは

さて、二〇世紀の半ばにサイコパシーという概念を世の中に広めたのは、アメリカの精神医学者クレックリーです。彼の著書『The Mask of Sanity』(一九四一年刊行)では、当時の精神疾患の定義ではうまくとらえることが困難である一方で、人々に何らかの害をもたらす一五名のサイコパス事例が詳細に記述されています。そこから浮かび上がった特徴は、次の一六項目にまとめられました。

❶表面的には魅力があり、優れた知性をもつ。
❷妄想やその他の不合理な思考の兆候がない。
❸不安や緊張など精神神経的な症状が見られない。
❹信頼できない。
❺不誠実で偽善的である。
❻良心の呵責や羞恥心が見られない。
❼明確な動機づけなく反社会的な行動をする。
❽判断力に乏しく、経験から学ばない。

❾病的な自己中心性をもち、愛する能力が欠如している。
❿主要な感情反応が全体的に見られない。
⓫特定の領域で洞察力が欠けている。
⓬対人関係全般に無反応である。
⓭飲酒を伴う（時には伴わない）風変わりで魅力的ではない行動をとる。
⓮自殺はほとんどしない。
⓯性生活は非人間的で些細なもので、うまく統合されていない。
⓰人生設計に従わない。

これらについて、少し詳しく見ていきましょう。典型的なサイコパスは、はじめて出会ったときには魅力的に映り、特異な思考をしたり、何かが欠けたりしているようには見えません。精神的な疾患を抱えているようにも見えず、むしろ穏やかな人物にさえ見えるようです。初対面では一見、信頼できそうに見えるものの、つきあいが続いていくと多くの場面で責任感を示さないことに気づきます。

また、人々が重要だと考える価値観やルールを明らかに軽視しており、そのことを気にしないような態度をとります。そして自分の責任になりそうな出来事を何とか回避して、うまくやり過ごそうと画策します。このような人々は、平気で人を騙したり、見捨てたり、困らせたり、嘘をついたりします。時にその行動が、社会では認められていない法に反する行為になる場合もあります。法や社会的な慣習に反しても、自分自身が手に入れたいもののために行動することをいとわないのです。

さらにサイコパスは、他者への配慮や愛情を注ぐことに欠けており、自分自身のことばかりに関心が向かいます。それだけでなく、興奮すること、怒りにまかせて行動すること、熱狂することや喜ぶことなど、全般的に感情的な反応が欠けているのです。サイコパスは十分な知的能力をもっているにもかかわらず、時に稚拙な言い訳をして責任を逃れようとする、洞察力の欠如を示すこともあります。特に、何かの目標を達成しようと画策するときには、対人関係の中で感謝の気持ちや礼儀を示さなくなります。まったくお酒を飲むことができないサイコパスもいますが、アルコールを伴って無礼な態度を示したり、大騒ぎをしたりするケースは見られるようです。

ときにサイコパスは破滅的な行動をとるように見えるのですが、自殺を試みることとは無縁に見えるとのことです。その背景には、自分自身の責任を回避しようとすること、自責感や良心の呵責を抱かないこと、感情の揺れ動きが少ないことがありそうです。ただし、自殺をほのめかして他の人の同情を買おうとするなど、演技をすることはあるようです。このような感情面に欠けた特徴は、恋愛や性交渉にも現れてくることでしょう。場当たり的な対応を続けるサイコパスたちは、人生全体の目標を立てて着実に進んでいく姿勢に欠けていると考えられます。

†サイコパシーの測定ツール

二〇世後半になると、カナダの犯罪心理学者ロバート・ヘアがサイコパスの研究で知られるようになっていきます。彼はブリティッシュ・コロンビア州バンクーバーにある刑務所で心理学者として働く中で、刑に服しながらもなかなか行動を変容させない服役囚たちの特徴としてサイコパシーという概念に注目します[25]。日本では、『診断名サイコパス――身近にひそむ異常人格者たち』(早川書房・一九九五年)の著者としても知られているのではないでしょうか。この本の中には、多くのサイコパスの事例が登場します。またヘアの名前は、サイコパシーの精神医学的評価ツールとして世界的に使用されるチェックリストである、PCL-R(Hare Psychopathy Checklist-Revised)を開発したことでも知られています。

サイコパシーの測定がうまくいくようになると、より簡易に測定できる心理尺度も開発されていきます。

たとえばレヴェンソンの一次性・二次性サイコパシー尺度（ＰＳＰＳ）は、共感性や罪悪感の欠如など内面的な問題を表す側面と、衝動性や逸脱行動など行動上の問題を表す側面からサイコパシーを測定します。[26,27] マキャベリアニズムと同じように、心理尺度が開発されることで、サイコパシーの研究も一気に多くの方面へと広がっていくこととなりました。やはり心理学では、心理尺度という道具をつくることで、研究が大きく進展するのです。

なお、インターネットなどで広まっている、いわゆる「サイコパス診断」については、実際にサイコパシーやサイコパスかどうかを測定できるわけではありませんので注意してください。イギリスの心理学者ケヴィン・ダットンは、著書『サイコパス――秘められた能力』（ＮＨＫ出版・二〇一三年）の中で、インターネット上に広まっている「サイコパス診断」を、収監されており精神科医によって正真正銘のサイコパスだと診断された人々に出題するという試みを行っています。

結果は、インターネット上で示されている、サイコパスの回答だとされる答えを、本物のサイコパスは誰一人として口にしなかったというものでした。この本の中では、収監されているサイコパスの一人がテストを受けた際に、「おれは正気じゃないかもしれない。だけど、バカじゃないぜ」とコメントしたことが報告されています。

人々の中にイメージされているサイコパスと実際のサイコパスには、どうやらズレがあるようです。

3　ナルシシズムとサディズム

ナルシシズムという言葉の由来

ナルシシズム（自己愛）という言葉は、古代ギリシャのナルキッソス神話に由来しています。それは、次のようなストーリーです。[28]
幼い頃から多くの妖精に愛されたナルキッソスは、美しい容姿の中に冷ややかな高慢が宿っており、他の人々に関心をもつことがありませんでした。多くの若者がナルキッソスに恋心を抱きましたが、ナルキッソスの心は動かされません。ナルキッソスに恋心を抱いてふられ、恥をかかされた一人の若者は、「彼も恋をしますように。しかし、決してその恋する相手をとらえることができませんように」と願います。すると女神がその願いを聞き入れました。

ある日、暑さに疲れたナルキッソスが泉の水を飲もうとしたとき、泉の水面に映る自分の姿に魅了されてしまいます。水面に映る自分自身の姿に、恋をしてしまうのです。しかしその相手に触れることはできません。ナルキッソスは、身動きもしないまま、食事も睡眠も忘れて自分自身の姿に見惚れてしまいます。ついには肉体も滅び、一輪のスイセンの花となってしまいました。

スイセンやスイセンの花のことを英語でnarcissus（ナーシサス）と呼ぶのですが、それはこのようなギリシャ神話のストーリーからきています。

さて、自分の姿に恋をするナルキッソスのストーリーからナルシシズムという言葉が作られていきます。この言葉を最初に学問の場に持ち込んだのは、イギリスの医師で性科学者でもあるハヴロック・エリスでした。[29] エリスは、鏡に象徴されるように自己賛美に没頭する女性を例に挙げて説明を試み、この考えからナルシシズムという概念へと発展させていきます。エリスが想定するナルシシズムは、若い女性における病理的な行動を説明するために用いられた概念でしたが、ここからさらに愛国心や外国人嫌悪についてもナルシシズム概念を用いて説明を試みています。その後、ナルシシズムという概念は少しずつ広がりを見せていきました。

†病理としてのナルシシズム

本格的にナルシシズムの概念そのものについて洞察を深めていったのは、オーストリアの精神科医で精神分析学の創始者であるジグムント・フロイトです[30]。フロイトはナルシシズムを、精神的なエネルギーであるリビドーが自我に向けられることと解釈します。ナルシシズム概念はフロイトに取り上げられたことで、さらに多くの精神分析家や精神科医、研究者たちの注目を集めていくようになります。

アメリカ精神医学会が作成する精神疾患の国際的な診断マニュアルは、精神疾患の診断・統計マニュアル（DSM）と呼ばれています。一九八〇年に刊行されたDSMの第三版（DSM‐Ⅲ）では、自己愛性パーソナリティ障害という疾患が取り上げられます。その後、一九九四年に刊行されたDSMの第四版（DSM‐Ⅳ）そして二〇一三年に刊行された第五版（DSM‐Ⅴ）でも自己愛性パーソナリティ障害の記載は続けられており、DSMに掲載されている一〇種類のパーソナリティ症（障害）の一つとして定着しています

（なお、以前はパーソナリティ障害と呼ばれていましたが、パーソナリティ症という表現が定着しつつありますので、本書では両方の表現を使っています）。

表②に、それぞれのパーソナリティ症の名前と簡単な特徴を示します。これを見ると、ここまでに紹介してきた、マキャベリアニズムやサイコパシーの特徴も、反社会性パーソナリティ症やスキゾイドパーソナリティ症（シゾイドパーソナリティ症）と部分的に重なっていることが分かると思います。

これらのリストを見ると、「私もパーソナリティ症なのではないか」と考えてしまう人がいるようです。しかし、個別の特徴が当てはまるからと言って、パーソナリティ症と判断されるわけではありません。順番としては逆で、日常生活が立ちゆかず、苦痛を感じ、さまざまな面で機能障害を起こしていることが前提になります。そのような状況の中で、その原因を検討していく過程で、社会の平均から著しく偏った持続的な行動様式や考え方やパターンをもつような場合に、パーソナリティ症が疑われます。

従って、そもそも日常生活の中で著しい苦痛や機能障害を引き起こしていない場合には「障害」や「病気」だとはみなされませんので、その点は注意が必要です。

自己愛性パーソナリティ症の診断基準には、おおよそ次のような特徴が書かれています。

表②　各種パーソナリティ症（障害）と特徴

A群 ・妄想性パーソナリティ症……他者への猜疑心や不信感、悪意を感じやすい ・スキゾイドパーソナリティ症……孤立、対人関係への無関心、冷たさ ・統合失調症型パーソナリティ症……妄想や魔術的思考、奇妙な思考や話し方など
B群 ・反社会性パーソナリティ症……規範を守らず利己的で衝動的、暴力的 ・境界性パーソナリティ症……見捨てられた感覚、空虚感、自傷行為、自殺念慮 ・演技性パーソナリティ症……注目を集めようとする過剰な努力、被暗示的 ・自己愛性パーソナリティ症……人より優れており特権をもつ感覚
C群 ・回避性パーソナリティ症……否定的評価に敏感、劣等感、社会的な抑制 ・依存性パーソナリティ症……対人関係に依存、保護や面倒への欲求、主体性欠如 ・強迫性パーソナリティ症……こだわりが強く完全主義的、融通がきかない

自分の才能や重要さについて、根拠のない誇大な自信を抱くこと。業績や権力、知能や美、素晴らしい恋など、途方もない空想に囚われていること。自分が特別で独特で、優れた人とだけ関係をもつべきだと信じていること。賞賛されたいという欲求、賞賛されるべきだという感覚を抱いていること。特別扱いを受ける権利があると感じていること。目標の達成のためには他者を利用しても構わないと感じること。他の人に共感できないこと。他の人を嫉妬しやすく、他の人は自分に嫉妬していると感じやすいこと。傲慢で横柄なこと。

これらの特徴を見ると、他の人を利用することや共感できないことなど、マキャベリアニズムやサイコパシーの特徴にも共通する部分があることがわかるのではないでしょうか。

†過敏なナルシシズムの側面

自己愛性パーソナリティ症の治療が行われる中で、自分に過剰な自信を抱くというよりも、他の人の評価を過剰に気にしてビクビクするような、過敏型とか過剰警戒型、解離型そして脆弱性などと呼ばれるようなタイプが見られることも指摘されるようになります[31]。

DSMで示される自己愛性パーソナリティ症は、主に誇大型と呼ばれるナルシシズムのパターンのことを指します。一方で過敏型のナルシシズムは、自己の内面では栄光を夢見ながらも劣等感や無価値さの感覚を抱きやすく、人間関係の面では他の人から褒められたいと思いつつもひどく他者をうらやましく思ったり妬んだり、脅威を抱きやすい特徴をもちます。

一見、誇大なナルシシズムと過敏なナルシシズムは、まったく異なる性格特性のように思えますが、根っこの部分は共通しているのです。それは、常に他者や周囲からエネルギーを注ぎ続けられないと、自分自身の素晴らしさが維持できないという感覚を抱くことです。誇大な自己愛は比較的うまくエネルギーが注がれている状態で、過敏な自己愛はエネルギー不足に陥っていて疑心暗鬼な状態にあるとイメージすると、わかりやすいかもしれません。

†ナルシシズムの測定方法

一九八〇年のDSM‐Ⅲに自己愛性パーソナリティ症（障害）が記載されるのとほぼ同時期に、自己愛人格目録（NPI）と呼ばれる心理尺度が開発されます[32]。ナルシシズムの心理尺度を用いた測定はここから一気に活発になり、調査的な研究からナルシシズムの構造や特徴が明らかにされてきました。

たとえば、測定されたナルシシズムの構造を統計的に検討することによって、ナルシシズムの誇大な特徴が、賞賛を集めようとする側面と他者を敵対的に捉えようとする側面に分けられることが明らかにされています。この敵対的で他者をおとしめるような側面は、過敏なナルシシズムとの境目に位置していると考えられています。[33]

また、ナルシシズムの病理面の全体像を測定しようと試みる、病理的自己愛尺度も開発されています。[34] この尺度では、次のような七つの特徴から、あまり健康ではない側面のナルシシズムを捉えることを試みています。

❶誇大空想……成功や賞賛や承認への空想に囚われていること
❷自己犠牲的自己高揚……ポジティブな自己イメージを保つためにあえて利他的な行動をとること
❸搾取性……他者を操作する傾向
❹権威的憤怒……特権意識が満たされないときに感じる怒り
❺随伴的自尊感情……自尊感情が変動しやすく、賞賛や承認が得られないと機能不全を起こしやすくなること

❻脱価値化……自分を賞賛しない他者に対して無関心になること
❼自己隠蔽……自分の失敗を他者に見せないようにすること

これらのうち、自己犠牲的自己高揚、誇大空想、搾取性は、ナルシシズムの誇大な側面を表しています。ただし、これらは一般的に見られるナルシシズム傾向というよりは、やや病的で問題につながりやすい傾向を表しています。病理的ナルシシズムの誇大な側面を強くもつ人々は、可能性が低い成功への空想を抱きつつ、自分の素晴らしさや重要さを周囲の人にわかってもらおうと積極的に働きかけ、ときにお世辞を言ったり世話をしたりと気をつかいます。

一方で、他の人をうまく言いくるめて、自分の思い通りに利用し動かすことができると信じているという、誇大な感覚を抱いているようです。もちろん、これらがうまく行くとは限りません。いずれもやや誇大妄想的だと言えるのではないでしょうか。その点で、あまり健康で適応的な状態とは言えなさそうです。

また、権威的憤怒、自己隠蔽、随伴的自尊感情、脱価値化は、ナルシシズムの過敏かつ病理的な側面を表します。自分の存在が軽んじられるとイライラしたり怒りを抱いたり、自分の良くない面は絶対に人に知られないようにと思うあまり、対人関係を苦手に感じてしまいます。また、人から褒められたり尊敬されたり、認められたりしていないと、自信を失い自分の存在価値がないかのように思ってしまうこともあります。そして、人が自分の期待通りにふるまってくれないのではないかと過剰に心配するあまり、他の人を避けてしまう場合もあります。

ナルシシズムの病理的で過敏な特徴は、単に人間関係が苦手で他の人の評価を気にするような態度を表すわけではありません。その背後には自分が素晴らしく地位の高い人間であるべきだという考えがあり、それが満たされない、うまく行かないという現実に直面することで、機能不全に陥ってしまっている状態だと言うことができるでしょう。

†サディズムという言葉の由来

サディズムという言葉は、一八世紀から一九世紀にかけてフランスの革命期に生きた貴族で小説家であるマルキ・ド・サドに由来します。サドは自身の虐待行為や放蕩から刑務所への収監や精神病院への強制的な入院を経験しています。その中でいくつかの小説を執筆するのですが、それらは背徳的で性的倒錯、暴力、反道徳的な内容が描かれるものでした。一九世紀には性的な倒錯や加虐的な傾向が、サディズムと呼ばれるようになります。さらに二〇世紀に入ると芸術家や小説家がその内容を評価するようになり、私たちの文化にも大きな影響を与えることになりました。

サディズムは、他者を支配し、罰を与え、屈辱を与えるために、他者に肉体的または精神的な苦痛を与えることに関連するさまざまな行動、認知的な傾向、対人的な特徴のことを指します。[35] サディスティック・パーソナリティ症も、DSM-Ⅲの改訂版であるDSM-Ⅲ-R（一九八七年）を編集する際に提案されたものの、正式には採用されず、付録としてのみ掲載されました。

なお二〇一三年のDSM-Ⅴでは、性的サディズム障害という診断が掲載されています。これは、性的な興奮を得ることを目的に他者に身体的または肉体的な苦痛を与える特徴を示し、それが同意のない相手に対しても向けられたり、本人が著しい苦痛や機能上の障害を伴ったりする場合のことを指します。性的サディズム障害は、サディズムが性的な場面に現れ、社会生活上の不都合を生じさせる場合に限定されたものだと言えるでしょう。

DSM-Ⅲ-Rの付録に掲載されたサディスティック・パーソナリティ症の診断基準の特徴を見ていくと、サディズムの特徴が明確になります。サディスティック・パーソナリティ症は、他者に対して残酷で攻撃的、他者卑下的な広範囲の行動パターンを示すものとされています。対人関係面では、辛辣で敵対的な態度を示したり、他者への共感に欠け他者を操作する傾向を示したりすること、全体的に冷淡であることなどを特徴とします。

認知面の特徴としては、柔軟性に欠けており不寛容になりやすく、武器や戦争、犯罪や残虐行為に魅力を抱きやすいと考えられます。社会的な面では、他の人々を支配し、過酷な罰や屈辱を与えることができるような高い地位を目指そうとするとされます。これらの特徴から、法を執行するような立場、たとえば矯正施設、軍隊、政治家、司法関連施設などで働く人々の間で、サディズムが見られがちだという指摘もあるようです[36]。

†測定されたサディズムの特徴

サディズムの特徴も、マキャベリアニズムやサイコパシー、そして部分的にナルシシズムの特徴と重なっています。このことから、ダーク・トライアドにサディズムを加える形で、ダーク・テトラッドというまとまりが提唱されるようになりました[37]。

ダーク・トライアドの提唱者でもあり、ダーク・テトラッドのアイデアも提供した、カナダの心理学者ポールハスがサディズムの研究について発表する様子を、海外の学会で目にしたことがあります。それは、「虫殺しパラダイム（bug-killing paradigm）」という方法を使用した、とても面白い研究でした。

七八名の大学生たちがサディズムを測定する心理尺度に回答すると、参加者たちは、今回の研究テーマが「性格と困難な仕事に耐える程度との関連」だと告げられます。そして、参加している大学生たちは、「虫を殺す（害虫駆除業者）」「虫を殺すことを手伝う（害虫駆除業者の助手）」「汚れたトイレを掃除する（衛生作業員）」「氷水の冷たさに耐える（寒冷地の作業員）」という四つの仕事のうち、どれかを選ぶよう求められます。

「虫を殺す（害虫駆除業者）」を選択した場合、研究に参加する大学生たちの前には、コーヒー豆を挽く機械を改造した殺虫マシンと、生きたダンゴムシが一匹ずつ入った三つのカップが並べられました。論文に掲載されている写真を見ると、日本で見かけるダンゴムシよりも大きいのではないかという印象を抱きます。

ダンゴムシが入ったカップには、「マフィン」「アイク」「トッツィ」というダンゴムシの「名前」も書かれていました。ここで大学生たちに与えられた仕事は、ダンゴムシを機械につながった筒から中に落とし、機械についたふたを押し下げてマフィンと名づけられたダンゴムシから順に「つぶす」ことでした。部屋には参加者の大学生だけが残され、実験担当者は部屋の反対側にあるパソコンでメールをチェックするふりをしています。

ダンゴムシを筒から中に転がして入れ、機械のふたを押すと、「カシャッ」と音がしてすりつぶされたような音がします。この音を聞くことで、あたかも虫が機械の中で粉砕されたかのように実験参加者には感じられるのです。しかし、実際には「マフィン」も「アイク」も「トッツィ」も、筒の途中に設置されたストッパーでとどまっており、危害は加えられていませんでした。

そういえばポールハスが学会の研究発表の中で、「実際にはピスタチオの殻が入っていた」と言っていたのを覚えています。そうすればダンゴムシを入れなくても、本当はダンゴムシを殺さなくても、それらしい音が聞こえてきます。

ちなみに、虫を殺すことを選択した参加者の中にも、三匹すべてを殺した参加者もいましたし、一匹も殺そうとしなかった参加者も、一匹か二匹を殺した後でそれ以上の「虫殺し」を辞退する参加者もいました。全体で、殺された虫の平均は約一匹だったそうです。「虫を殺すことを手伝う（害虫駆除業者の助手）」を選択した場合には、紙コップを実験者に渡して、実験者がダンゴムシを機械に入れてすりつぶす作業をすぐ横で見ることになると伝えられます。「汚れたトイレを掃除する（衛生作業員）」を選択した場合には、トイレ掃除機と掃除用具が示され、隣の部屋に行くように告げられます。そして、「氷水の冷たさに耐える（寒冷地の作業員）」を選択した場合にも、氷風呂の装置が隣の部屋にあることが告げられ、隣の部屋に行くように指示されます。ただし、隣の部屋にはどの装置も設置されておらず、課題に取り組む必要はないことが告げられました。参加者たちは、これらの手続きをした後で、自分自身が抱いた感情を回答する心理尺度に回答します。

虫を殺す課題を選択した参加者は全体の約27％で、男女の比率はほとんど変わりませんでした。そして、他の課題を選択した人よりも、「虫を殺す（害虫駆除業者）」を選択した参加者のサディズム得点の平均値が一番高いことが示されました。そして次に高かったのは「虫を殺すことを手伝う（害虫駆除業者の助手）」であり、「汚れたトイレを掃除する（衛生作業員）」と「氷水の冷たさに耐える（寒冷地の作業員）」を選択した人々は、よりサディズム得点が低い傾向が見られました。加えて、サディズム得点が高い人は低い参加者に比べて、ダンゴムシを殺した課題を行った後の感情の評価で、より高い快感情を報告しました。これは「気分がいい」と感じやすいことを表しています。

サディズム傾向が高い人は、虫を殺すという、人間に対する攻撃ではなく別の対象に向けた代理的なサディスティックな行為であっても、行った後により嬉しさや楽しさといった快い感情を感じる傾向があると言えます。この研究は、心理尺度で測定されたサディズムの特徴を明確にするために行われているのですが、ダンゴムシを殺すという方法を用いる点がとても面白い（と感じてしまうのもサディスティックなのかもしれませんが）と感じた印象深い論文でもあります。そして、これも他のダークな性格と同様に、サディズムを測定することができる心理尺度が開発されることで、研究の数とバリエーションが一気に広がっていくのです。

4　五つ目の性格スパイトと、ダークさの中心

†五つ目のダークな性格、スパイトとは何か

さらに近年、マキャベリアニズム、サイコパシー、ナルシシズム、サディズムに加えて、スパイト（Spitefulness）も含めることで、「ダーク・ペンタッド（五つ組）」という組み合わせによる研究も進められています。いったい、いくつのダークな性格が存在するのか、と疑問を抱くかもしれませんが、まずはスパイトという概念について説明しましょう。

英語の言い回しに、“Cutting off one's nose to spite one's face.”という表現があります。こ

れは、「自分の顔に腹を立てて自分の鼻を切る」ということなのですが、「腹立ち紛れに自分が損になることをする」という意味で用いられます。先のフレーズの最初に"Don't"をつけると、「後先考えずにバカなことをするな」という意味になるでしょうか。

スパイトとは、相手だけでなく自分自身にも危害を加えるような行為を指します。実際にその場で自分に危害が加わるような行為ではなくてもよいのですが、「こんな無茶なことをしたら自分の評判が下がってしまうかもしれない」と想像できるような行為とか「仕返しされても仕方がない」と開き直るような行為のように、自分にもネガティブな結果が生じることが明らかな行為も、ここには含まれます。

スパイト的な行為は、世の中で意外と多く見られます。たとえば、子どもが家出をする理由にもさまざまなものがあると思うのですが、親の言動にがまんができず、「自分がいなくなったら親も困るだろう」と思って実行することは、自分にも害がおよぶ行為をあえて選択していますのでスパイト的な行為と言えます。また、実際に実行しなくても、自らの自殺をほのめかして相手を困惑させようと試みることも、スパイト的行為の一例です。

他にも、離婚交渉や子どもの親権交渉で、腹立ち紛れに相手との関係を損なうような行動に出てしまうことも、スパイトの例として挙げられます。また、これもよく論文に挙げられている例なのですが、犯人自身も死亡することを前提とした自爆テロもスパイト的行為だとされます。感情的、法的、身体的に他者を傷つけるためなら、自分自身の犠牲もいとわない行為だと考えられるからです。

スパイトが成立する条件については、進化論や経済学の理論からも説明が試みられています。

例えば、進化生物学者の説明では、行為者が相手と共有する遺伝子が、集団の平均的なメンバーよりも少ない場合に、スパイト的な行動が起こり得るとされます。[38]つまり、家族や親族のように、自分と遺伝的な重なりが大きい相手に対してはスパイト的行為はあまり示されず、自分と遺伝的に無関係な他者に対するときのほうがスパイト的な行動が示されやすいということです。ただし、正しく血縁を認識することは、人間以外の動物では困難だと想像されます。人間だけにその認識が可能だと考えると、純粋なスパイト的な行動ができるのは人間だけであって、人間以外の動物には難しいのではないかとも考えられています。

また、最後通牒ゲームという経済的実験があります。[39]このゲームでは、二人の参加者が提案者と応答者に分かれます。それぞれの前に、一〇〇〇円が置かれます。二人のうち提案者となった側は、この一〇〇〇円の取り分をもう一人の応答者に提案することができます。たとえば、提案者は自分と応答者の取り分を五〇〇円ずつにすると提案します。応答者は、提案された分け前を受け入れるか拒否するかを選択できます。応答者が提案を受け入れる場合は、提案通りの報酬をそれぞれが受け取ることができるのですが、応答者が提案を拒否すると、両者とも報酬を受け取ることはできないというルールです。

このゲームで最大の報酬を得るためには、どうしたらよいのでしょうか。応答者は提案者がどのような提案をしたとしても、その提案を受け入れることが正解になります。応答者の選択は、提案を受け入れるか拒否するかしかありません。そして、提案を拒否して受け取る金額がゼロになるよりは、一円でも受け取る方が、利益が大きくなるからです。

さすがに「一円だけを渡す」と提案する提案者はほとんど存在しないようなのですが、一〇〇〇円のうち二〇〇円とか三〇〇円など少ない金額を分けるという提案が提示されることがあります。すると、応答者の中には、その提案を拒否するケースが見られるのです。「この金額では納得がいかない」と感じるのでしょう。しかしその結果は、相手も自分もお金を手にすることができないというものです。

提案者が「自分の利益を多く、相手の利益を少なく提案すること」は、応答者からすれば自分の利益だけを大きくしようとする強欲な行為に見えます。そのような行為を目にすると、たとえ自分が損をしてでも相手の利益をなくしてしまおうとする判断が生じることがあるのです。このように、損をしてでも悪いことをするような相手を罰する行動は、「利他罰」と呼ばれます。

この応答者の判断は、とてもスパイト的です。ただし、このようなゲームを行っても、大多数はスパイト的ではない判断をします。しかし、少数派ですが一貫してスパイト的な行動をとる人々がいるようなのです。[40]

ワシントン州立大学のマーカスらは、スパイトの個人差を測定する心理尺度を作成しています。[41]「嫌いな人の悪評を広めるためなら、自分の評判を危険にさらす価値はあるかもしれない」「チャンスがあれば、お金を払ってでも嫌いな級友が期末試験でひどい点をとるのを見たいものだ」といった質問項目で、スパイトの個人差測定をしています。このような心理尺度が開発されることで、いちいち最後通牒ゲームを行わなくても、簡易的にスパイト的判断を行う傾向がある人を把握できるようになります。

ダークなパーソナリティとしてのスパイトの研究は、世界中で少しずつ広がりを見せています。その背景にはスパイト傾向を測定する心理尺度の開発があるのです。この研究分野の発展が、心理尺度の開発という側面に支えられていることがわかるのではないでしょうか。

†ダークな性格の中心

ダークな性格の中心になる要素は、どのようなものなのでしょうか。

ここまで、ダーク・トライアドおよびダーク・テトラッドのそれぞれに含まれるダークな性格特性の説明をしてきましたが、心理学の歴史の中ではこれまでに、反社会的な行動を示しやすい特徴をもつ性格特性や、必ずしも性格ではなくても類似の特徴をもつ心理特性が研究の対象となってきました。

たとえば、ドイツの哲学者で社会学者、心理学者でもあるアドルノらは、一九五〇年に出版された本の中で、権威主義的性格という概念を提唱しています[42]。二〇世紀前半には全体主義的で排外主義的な政治理念をもつファシズムの台頭があり、ナチス政権や反ユダヤ主義、ホロコーストの問題なども起きました。権威主義的性格は、厳格さを持ち合わせており、以前からの慣習や規範に固執し、自分が信じているルールを押し付ける特徴をもちます。また、自分が所属する権威を疑うことなく、盲目的に服従する態度も示します。自分が信じる慣習や規範、ルールを守らない人を見ると、権威主義的な性格の持ち主はその人たちを軽蔑し、攻撃することもあります。

この権威主義的性格は現在、右翼的権威主義（RWA）と呼ばれて研究が行われています。[43]右翼的権威主義は、権威に服従すること、自分が所属する集団の規範を逸脱する人に対して攻撃的になること、そして伝統的な価値観を重視する傾向を特徴とします。右翼的権威主義は、アドルノらの権威主義的性格の一部に注目することで、権威主義的な特徴を明確にすることを試みています。

また、イギリスの心理学者アイゼンクは、活発で社会的な刺激を求める外向性（E）、不安や抑うつを感じやすく感情が不安定になりやすい神経症傾向（N）、そして衝動的で無責任な行動を取りやすい精神病傾向（P）という三つを人間の根本的な性格構造だと考える、PENモデルを提唱しました。[44]この三つの性格特性は「ジャイアント・スリー」とも呼ばれますが、この中で精神病傾向は、反社会的な行動や、過度にリスクを取るような行動に関連するという点で、ダークなパーソナリティとの共通点が見られます。

ドイツの心理学者モシャゲンやオランダのゼトラーたちは、ダーク・テトラッドだけにとどまらず、広い範囲のダークな性格の特徴を集約することで、性格のダークな側面を統合するような因子を見出しました。[45]これは、ダークの頭文字を取って単に「D」とも呼ばれています。

Dの高さには、いくつかの特徴があります。まず、Dが高い人々は、他の人を犠牲にしても自分の利益を最大化することを目指します。ここでの利益というのは、単に具体的なものや金銭だけを指すのではなく、地位や権力など社会的な立場、それから優越感や楽しさのような快楽も含まれます。ただし、たとえば運動をすると楽しい気分になりますが、この場合には他者を犠牲にして搾取的に行動し、自分の利益を優先するという要素は含まれませんので、Dとは異なる内容になります。

またここには、他者から直接的に何かを得る行為だけが含まれるわけではありません。他の人に危険が迫っていることを警告せず、その人が危険な目にあうことを見逃すことで、自分が優位に立つことがあります。このように、自分が他の人に対して払う犠牲を避けることで、他者に負担をかけて自分の利益を最大化することも、Dの特徴の一つに含まれます。Dが高い人々の行動上の特徴は、常に自分自身の利益を追求するために、他の人の不利益となるような行動を追求し、自分自身の負担を伴って他の人の利益になるような行動はできるだけ避けようとすることにあるのです。

またDの高い人々は、他の人の結果にはゼロやマイナスの重みをかけ、自分自身の結果にはゼロではないプラスの重みをかけて物事を見る傾向があります。この特徴によって、Dが高い人々は、自分が他の人よりもすぐれていると考えたり、他の人は自分よりも劣っている、また劣っているにちがいないと考えたり、人々を支配することを当然のことだと考えたり、人間というものは誰でも自分自身を第一に考えるものだという信念を抱いたりする傾向を示します。

モシャゲンらは、Dで表現されるような性格傾向を集めて分析し、その核となる成分を抽出しようと試みます。彼らはこれを、ダーク・コアと呼んでいます。「暗黒の核心」といったイメージでしょうか。Dの内容について統計的に分析していくことで、次の互いに関連しあう九つの要素が、核に含まれていることが明らかにされました。

❶エゴイズム（Egoism）……他者の幸福を犠牲にしても、自分自身の利益を追求する自己中心的な傾向

❷マキャベリアニズム……戦略的な傾向があり、自分の利益のために無慈悲に他者を利

用する傾向

❸道徳不活性化（Moral disengagement）……道徳に反する行動に対して罪の意識を感じず、平然とした態度をとる傾向

❹ナルシシズム……自分自身を誇大な方向へと導くすべてを採り入れようとする傾向

❺心理的特権意識（Psychological entitlement）……他の人よりも多くの利益を受ける権利があり、特別な扱いを受けるべきだと考える傾向

❻サイコパシー……感情反応に欠け冷淡で、自己コントロールが欠如しており、衝動的な傾向

❼サディズム……意図的に他者に肉体的苦痛や精神的苦痛を与えたり、苦しむ様子を見て快感情を抱いたりする傾向

❽利己心（Self-interest）……物質、金銭、地位、承認、成績、幸福など社会的に望ましい状態である利益を追求する傾向

❾スパイト……自分に害をもたらす可能性があることを知りながらも、悪意をもって他者を困らせたり傷つけたりする傾向

この中で、道徳不活性化、心理的特権意識、利己心、スパイトは、ダーク・テトラッドの構成要素としては明確に述べられていないのですが、心理的特権意識のようにナルシシズムの一部として論じられているものもあります。いずれにしても、これらは相互に重なりが報告されてきた性格傾向です。Dの研究が進められる中で、ダークな性格の構造の中で重要な要素としてこれらが表面化してきたと言えそうです。

第2章

ダークな性格とリーダーシップ・仕事・社会的成功

1 ダークな性格とリーダーシップ

ダークな性格は、人間関係の中でその特徴があらわれてきます。特に、集団や組織の中で特徴が表面化することがあります。

他の人を自分の思い通りに利用する、他の人の気持ちを考えない、いいか悪いかを気にせず自分の思い通りにことを進めようとする、自分の利益を最優先に考えて他の人の負担があっても気にしない……このように、ダークな性格は人間関係でその特徴が如実に表現されます。それは、企業の中でも同じです。

†ダークな性格の代表的な悪徳経営者

ダークな性格の事例としてよく取り上げられる人物に、アルバート・ジョン・ダンラップがいます[46]。

ダンラップは、一九九〇年代にアメリカの経済界で有名経営者として知られる人物でした。日本でも会員制の倉庫型巨大スーパーのコストコに行くと、アメリカのスコットというロゴがついたティッシュペーパーやペーパータオルなどを目にするのではないでしょうか。私自身も、少しだけアメリカ合衆国に滞在していた経験があるのですが、比較的安価で量も多いスコット印のトイレットペーパーをよく購入していた記憶があります。

一九九〇年代半ば、ダンラップはいくつかの会社で経営者として経歴を積んだ後に、当時もアメリカ最大の衛生紙製品の製造・販売会社であったスコット・ペーパー社の最高経営責任者（CEO）となります。一九九五年に彼はすぐにスコット・ペーパー社を紙おむつや衛生紙用品を世界中に展開するキンバリー・クラーク社に売却します。ストックオプション（自社の株を予め決められた価格で購入できる権利）と株価の上昇もあり、その売却に伴ってダンラップも多くの資産を手にすることになりました。

一九九六年、ダンラップはサンビーム社の会長兼CEOに就任します。サンビーム社は、アメリカの一九六〇年代から七〇年代を彷彿とさせる、トースターやミキサーなどの家電品を製造する会社でした。アメリカの古い映画に出てくるような、シルバーで大きめのトースターを思い浮かべるとよいのではないでしょうか。ダンラップはこの会社でも、短期間でなんとか利益を積み上げ、どこかの会社に丸ごと売却することを画策します。しかし結果的に、うまくいきませんでした。

ダンラップの経営手法は、次々に従業員を解雇して、不必要（だと無理やり判断させるのですが）な工場を閉鎖し、ダウンサイジングしてコストを圧縮することで、結果的に利益が積み上がっているように見せる、というものでした。あまりにも誰かれ構わず解雇していくことから、電動のこぎりのように首を切るという意味で「チェンソー・アル」というあだ名がつけられたほどです。しかも、ダンラップ自身が部下のクビを直接的に宣告するわけではありません。自分ではほとんど手を下さず、部下を使って解雇の宣告をしていくのです。可能な限り自分の手は汚さず、部下を悪者にしていく点も彼の特徴です。

ダンラップのサンビーム社の様子は、アメリカのジャーナリスト、ジョン・A・バーンによる『悪徳経営者――首切りと企業解体で巨万の富を手にした男』（日経BP社、二〇〇〇年）に詳しく描かれています。たとえば、ダンラップは自分自身のイメージをよくすることを優先し、ゴタゴタして問題の多い私生活についてはほとんど公にしていませんでした。また、過去の実績や経験、経歴を捏造したり誇張したりして吹聴する場面も多かったようです。そして支配欲が強く、短気で、いったん怒りに火がつくと手がつけられなくなることを、一緒に働く誰もが知っていました。

このような上司の下で働く部下たちは、どのような思いだったのでしょうか。このことも本の中に描かれています。

ダンラップの前では部下たちは誰もが膝が震え、胃が痙攣したそうです。部下たちはいつかダンラップの逆鱗に触れるのではないかと怯え、重圧に耐えなければいけません。まるで、どこかに地雷が埋まっていて、いつ踏んでしまうかがわからないような状態です。部下たちは、「重圧を感じる」という生やさしいものではなく、「残忍」といってもよいくらいだと報告しています。またあるサンビームの幹部は、「きつい人間と悪意のあるダーティな人間は違う」と述べています[47]。ダンラップは、部下に夜中まで仕事について心配をさせるようなきつい人間ではなく、相手を恐怖で縛り付けるようなことをする悪意のある人間だというのです。相手を脅し続け、暴力的で、骨の髄までしゃぶり尽くそうとする人物だということです。

さらに、ダンラップは使えると判断した部下に対して、並外れて高額の報酬を提示することもしています。部下たちはそのために、通常はしないような不正に手を染める状況に追い込まれていきます。幹部の中には、数百万ドル規模の報酬のために、自分自身の良心を裏切る行為を正当化する人もいました。ダンラップは、アメとムチを使い分けて、自分の思い通りに人を使うことを繰り返していたのです。

一方で、先にも述べたように、ダンラップは自分自身では実際に部下をクビにするなど直接的な手を下さず、自分の手を汚そうとはしませんでした。その背景には、「ダンラップほど傷つきやすく、それでいて巨大なエゴをもつ人物は稀だった」という特徴が隠れていたと考えられます。自分自身が傷つくことは避け、レイオフや工場閉鎖など人から恨まれるようなことはすべて人に任せ、自分の業績を誇張することで賞賛を集めることを目指していたのです。

ダンラップの行動パターンを見ていると、まさにダークなパーソナリティの特徴にぴったりとあてはまってくるのではないでしょうか。

†カリスマ的リーダーに多いダークな性格

フォロワーに心理的な影響を与え、感情を揺さぶり、信念や価値観など内面から影響を与えてフォロワーの自己成長を促すようなリーダーシップのことを「変革型リーダーシップ」と呼ぶことがあります。[48] それに対して、成功や失敗に対して報酬や罰のフィードバックを与えることで、行動を引き起こそうとするリーダーシップを「交換型リーダーシップ」と呼びます。またもう一つのリーダーシップのスタイルとして、リーダーがあまり関与せずメンバーの自主性や創造性を促そうと試みる「放任型リーダーシップ」もあります。リーダーシップには、その他にもさまざまなパターンが考案されており、多くの議論が行われています。

そもそもリーダーシップというのは、特定のグループまたは組織の目標達成に向けて他者に影響して支援を与え、努力を促し動機づけるなど、他の人々を導くことに関連するプロセス全般を指します。[49]そしてリーダーシップには、リーダーとフォロワーが相互に影響を与えあう互恵性、リーダーとフォロワーがともに報酬を増やしていくために時間やエネルギーやスキルを交換する交換性、リーダーがフォロワーの感情を揺さぶり価値観に影響を与える変革性、フォロワーが自発的にリーダーの意向を受け入れる協力性など、多くの要素が含まれます。

ダークな性格の持ち主としてイメージされるリーダーは、カリスマ的なリーダーではないでしょうか。先に紹介したダンラップも、周囲の人々（ただし直接的にダンラップの部下にはなっていない、投資家や一般の人々）からはカリスマ経営者だと評価されていました。

社会学者のウェーバーは、権力者が社会を正当に支配する基礎として、伝統的支配、合法的支配、カリスマ的支配という三類型を示しました。[50]伝統的支配は、以前からのしきたりや血筋、家柄などを根拠にするもので、世襲制に基づく支配が代表的です。合法的支配は、手続きや規則、法律などに基づくもので、法治国家における支配関係のことを指します。そして、カリスマ的支配は、超人的で非日常的な資質やスキルに基づく支配のことを指します。神の啓示に基づいて支配関係が成立したり、預言や超人的な奇跡に基づいたりする場合に、カリスマ的支配が成立します。

カリスマ的リーダーは、非凡な才能をもつ、あるいは非凡な才能をもつ人物だと認識され、その才能に魅了された人々に受け入れられるリーダーのスタイルです。そして、変革型リーダーシップの一部に、カリスマ的なリーダーの行動が含まれることがあります。

†カリスマ的リーダーの代表、ジョブズとマスク

カリスマ的リーダーとして思い浮かぶ代表的な人物に、スティーブ・ジョブズ[51]やイーロン・マスク[52]がいるのではないでしょうか。

ジョブズは友人のスティーブ・ウォズニアックとともに、一九七六年に米アップル社を設立した人物です。途中でアップル社を退職する（させられる）のですが、今ではアニメーション映画で誰もが知るピクサー社を設立したり、一九九〇年代に業績不振に陥ってい

たアップル社に戻ってからiMac、iPod、iPhone、iPadと立て続けにヒット商品を生みだしたりしたことも、カリスマ経営者のイメージを決定づけたと言えるでしょう。

そして「もうジョブズのような経営者は現れないだろう」と人々が思っていたところに登場したのが、イーロン・マスクです。マスクは南アフリカ出身で、母親がカナダ出身だったことからカナダの大学に進学します。その後アメリカの大学に進学し、スタンフォード大学の大学院にも進学するのですが、一九九〇年代半ばにネット企業を設立します。

その後、マスクはオンライン決済で知られるペイパル、宇宙開発企業であるスペースX、衛星インターネットアクセスのスターリンク、電気自動車のテスラなど、多くの企業を立ち上げていきます。Twitter社の買収も行い、Xと改名しています。マスクは息子に「X Æ A-XII」(エックス・アッシュ・エートゥエルブ)と名前をつけていますし、「X」の文字を好んでよく使うようです。このように見ると、マスクはジョブズよりも精力的に多方面で起業しており、現代の超人的なカリスマ経営者だとも言えます。

何年前だったでしょうか、時期も内容も記憶は曖昧なのですが、就職活動をする学生向けに「目指せ、スティーブ・ジョブズ」といった内容の広告を見かけたことがあります。

しかし、ジョブズの伝記や記録を読む限り、彼のもとで仕事をするというのは本当に大変なことだったのだろうと思わされます。

彼は、とても実現できないような目標を達成するために、彼自身の魅力やカリスマ性、虚勢や誇張などを使いながら、あたかも最初から実現可能であるかのように部下たちに思い込ませる能力をもっていたと言われます。これをアップル社の副社長を務めたバド・トリブルは、「現実歪曲フィールド」と呼んだそうです。そしてジョブズにもたとえられる革新的な起業家イーロン・マスクも、同じように現実を捻じ曲げ成功に導くような一面があることが書籍の中に描かれています。

伝記などを読む限り、ダンラップのもとでもジョブズのもとでもマスクのもとでも、部下として働くことは並大抵のことではないと思わされます。この三者の誰のもとで働いても、身の縮むような思いを繰り返すことでしょう。

しかし、ジョブズやマスクよりも、明らかにダンラップのさまざまな特徴が、ダークな性格に一致するように見えるのです。ダンラップとジョブズやマスクとで決定的に異なるポイントは、「自分の利益を最優先するかどうか」にあると考えられます。ジョブズやマスクの原動力は「世界を変えること」にあり、ダンラップは「自分の利益を最大にすること」にあるように見えるのです。この点が、ダークな性格かそうではないかを分ける一つの重要なポイントではないかと思います。

2 職場の中のダークな性格

†企業の中でよく見られるサイコパシーな人々

企業の中でダークな性格の持ち主が適応しやすい様子は、産業・組織心理学者のポール・バビアクと、サイコパスの研究者ロバート・ヘアの共著『社内の「知的確信犯」を探し出せ』(ファーストプレス、二〇〇七年)にも描かれています[53]。

ヘアが著者となっていることからも、この書籍で描かれているのは、特にサイコパシーの高い人々です。ここまでに述べてきたように、サイコパシーの特徴は他のダークな性格にも共通する部分が多数あります。また、書籍の中で描かれるさまざまな特徴を見ていくと、サイコパシーよりも他のダークな性格に近いのではないかと思わせる部分もあります。

さて、どうしてサイコパシー的な人々が、企業の中でよく見られると考えられるのでしょうか。

第一に、サイコパシーの中核的な特性が、企業にとっては魅力的な能力に見えることから、その性格の特徴が採用の決め手になってしまう可能性です。サイコパシーの高い人物は冷静で自信にあふれた振る舞いをするため一見魅力的で、巧みな話術で自分のペースに巻き込む傾向があります。魅力的な人物に映るというのは、サイコパシーだけの特徴ではありません。ナルシシズムの高い人物は自信満々で整った外見をしていることが多く、初対面の人からは信頼できそうな人物に見えるかもしれません。また、マキャベリアニズムの高さは、採用場面でもさまざまな手段や戦略を用いて、採用という目的を達成するために画策する傾向につながると考えられます。結果的に、ダークな性格の持ち主は一定の確率で企業の中に入り込んでくると予想されるのです。

第二に、企業の採用担当者は、サイコパシー的な態度を「リーダーとしての適性がある」と考えてしまう可能性です。これは、一見冷静で、物事に動じないような態度をもっている人物であるようにみえるからです。人を巧みに操り、はっきりと決断を下し、上の立場から人々を動かすという特徴は、リーダーや経営者に求められる特徴です。この望ましい経営者の特徴は、サイコパシーの特徴と部分的にではありますが重なってくるのです。しかしこれも、サイコパシーだけに限った話ではないように思います。ダークな性格が関連する、他者を支配したいという欲求、周囲の人々よりも優れているという感覚、自分の欠点をうまく隠し有能に見せる行動などは、少し見方を変えるとリーダーに向いているかのように見えてしまう可能性があります。

第三に、ビジネスそのものがもつ特徴が、サイコパシーをはじめとするダークな性格にフィットしてきているという点です。特に二〇世紀後半以降は先に述べたように、強いカリスマ的なリーダーシップを発揮して、従業員の考え方に影響を与えるような変革型のリーダーがもてはやされる時代になりました。先に紹介したダンラップの例のように、他社からの見え方にも気を配るダークな性格の持ち主は、カリスマ的なリーダーであるかのように見えてしまう可能性があります。

そして第四に、特定の企業はダークな性格の持ち主に好かれる可能性があるという点です。特にスタートアップ企業のような比較的若い企業の場合には、既存のルールや価値観にとらわれず、他の経営者や企業を出し抜こうとする志向性が強くなります。ダークな性格の持ち主にとって、このような企業はとても魅力的に映るのです。衝動的で競争心の強いダークな性格の持ち主にとって、スタートアップ段階の企業は拘束や縛りも少なく、自由に振る舞えるように感じられますので、魅力的に映ることでしょう。さらにスピーディでハイリスク・ハイリターンなビジネス環境にも、ダークな性格の持ち主は惹きつけられます。ダークな性格の持ち主は、特定の職場に集まりやすい可能性があるのです。

もちろん、このような職場にダークな性格の持ち主が大挙して押しかけるようなことはないでしょう。しかし、ときには先にみたダンラップの例のように、トラブルを引き起こす可能性の高い人物が、上司やリーダーとして上の立場に君臨することがあるかもしれません。

†組織での心理的安全性の重要さ

あなたが働いたり、活動したりしているグループは、どのような特徴をもつでしょうか。次の特徴があてはまるかどうかを考えてみてください。

・このグループでは、安心してリスクを取ることができる。
・このグループでは、他のメンバーに支援を求めやすい。
・このグループでミスをしても、咎められるようなことはない。
・このグループのメンバーは、私の努力を認めてくれる。
・このグループでは、自分の能力が評価されている。
・このグループのメンバーは、互いに難しい問題について議論しあうことができる。

どうでしょうか。皆さんが、自分が所属するグループについて考えたときに、これらのことをどのように思うでしょうか。

これらの文章は、心理的安全性と呼ばれる特徴や、実際に心理的安全性の研究で用いられる質問項目をもとに、独自に作成したものです[54]。

心理的安全性とは、自分の意見を述べても、間違いを指摘しても、正直に自分の気持ちを表明しても、罰せられたり辱めを受けたりすることなく、安心して意見を表明できる状態のことであり、あるいは自分が所属する組織がそのような状態であるという信念をもつことを意味します。心理的安全性が保たれている状態というのは、自分があるグループに所属しているときに、安心してそのグループの中でふるまうことができるだろうと予想することができる状態のことを指します。

グループのメンバーがこのような信念を共有していれば、メンバーたちはお互いに自由に意見を言い合うことができます。すると、隠し事が少なくなり、グループ全体の透明性が高まることが期待されます。逆に、「こんなことを言ったら、変な風に捉えられてしまうのではないか」と疑心暗鬼になるような状況が、心理的安全性が低い状態です。心理的安全性が低ければ、自由な意見交換が妨げられてしまいます。

心理的安全性をうまく構築するためには、リーダーの役割が重要だと考えられます。[55] 明確なルールと期待を作り出し、予測可能性と公正さをメンバーに感じさせることが大切です。そしてオープンなコミュニケーションを奨励し、従業員の話に積極的に耳を傾けるようにします。グループのメンバーたちが支援を受けていると感じられるようにすること、メンバーたちが発言したときには感謝と謙虚な傾聴を示すことも重要です。

仕事でミスをしたとき、そのミスについては触れずに黙っていることが「安全だ」と思ってしまいがちです。しかし、このようなありがちな反応をうまく打ち消すことが、心理的安全性の構築には求められます。心理的安全性が高まるようなグループの雰囲気をうまく作り出すことができると、メンバーたちは自由で活発な意見交換を行い、ミスがあっても謝罪とともにその内容を明らかにし、隠し事をしないようになると予想されます。

†職場の逸脱行動とはどういうものか

ダークな性格の持ち主が職場の中に入ってくると、心理的安全性が脅かされるのではないかと予想されます。その理由の一つは、ダークな性格の持ち主たちが、非生産的職務行動（counterproductive workplace behaviors: ＣＷＢ）と呼ばれる行動をとる可能性が高いという点にあります。

　非生産的職務行動とは、特に理由なく頻繁に遅刻をしたり、休みを取ったりすること、法律やルールを逸脱すること、不正を隠すことなど、職場において非協力的な行動のことを指します。ただし、この行動群の中には多様なものが含まれます。田中堅一郎は、職場における非生産的行動に関連する行動を、次の四つの内容に整理しています。[56]

　第一に、組織における反社会的行動です。これは、組織や組織成員、管理者に対して、害を及ぼしたり害を及ぼそうと意図されたりするすべての行為のことを指します。放火、恐喝、贈収賄、差別、スパイ行為、強要、詐欺、暴力、ピンハネ、訴訟、虚偽、怠業、セクハラ、窃盗、機密性の侵害、内部告発など、組織内の広い行動が網羅されています。

　第二に、職場攻撃性です。これは、組織や協働者に害を及ぼそうと意図された、個人によるあらゆるかたちの行動のことを指します。ここには、破壊的行為を意図したり実際に破壊的行為に関与したりするという攻撃性と、実際に同僚を身体的に傷つける暴力が含まれます。また、身体的な攻撃だけでなく、言語的な攻撃や心理的な攻撃も、攻撃性の中には含まれます。

　第三に、職場の逸脱は、組織のメンバーによる自発的な行動で、組織の規範に著しく背くものであり、組織やメンバーの福利が脅かされるものを意味します。この中には、機器備品の破壊や窃盗など所有の逸脱、セクハラや言語的な虐待など個人攻撃、勝手な早退や休息など生産の逸脱、えこひいきや噂話など政治的逸脱という多様な行動が含まれます。

第四に、職場の無作法です。これは、職場における相互関係の規範に反し、他者に危害を加えようとする曖昧な意図をもった低い強度の逸脱行動のことです。「曖昧な意図」と説明されているように、職場の無作法は、意図的に行われるというよりも、配慮を欠いた行動と言ったほうがよいものです。しかし、無作法は時に相手の感情を逆なでし、人間関係のやりとりの中で互いに問題がエスカレートしてしまうケースも予想されます。

このような人物が職場の中に入ってくれば、職場の人間関係やモラルがダメージを負い、心理的安全性が脅かされるというのは当然のことのように思えます。

†ダークな性格と非生産的職務行動

スペインの心理学者フェルナンデス・デル・リオらは、サディズムも加えたダーク・テトラッドについて、職務遂行能力との関連を検討しています[57]。この研究では、職務内容に直接関連する課題パフォーマンス、追加的な仕事やチームワークなど職務に付随的な文脈的パフォーマンス、そして非協力的で非生産的職務行動が取り上げられています。

ナルシシズムは、どの職務パフォーマンスの高さにも関連していました。マキャベリアニズムは、課題パフォーマンスには関連していましたが、文脈的パフォーマンスには関連していませんでした。一方でサイコパシーとサディズムは課題パフォーマンスの低さに関連しており、サディズムは非生産的職務行動の多さに関連することが示されています。サディズムを加えたダーク・テトラッドの枠組みで考えると、職場の中でもっとも問題をもたらす行動に結びつく可能性があるのは、サディズムだと言えるかもしれません。

このような研究は、どこで調査を行うかによって調査対象の違いも大きく、研究によって結果が異なってくる可能性があります。そこで、結論を下すためには、複数の研究結果を統計的に統合するメタ分析という研究方法が役に立ちます。ただし、サディズムがダークな性格として研究され始めてからまだ日が浅く、メタ分析で統合するほど多くの研究知見が報告されているわけではありません。そこでここでは、ダーク・トライアドについて行われたメタ分析の研究結果を見ていきましょう。

アメリカの産業組織心理学者オ・ボイルらは、一九五一年から二〇一一年までに公表された二〇〇以上の研究結果をレビューし、メタ分析で結果を統合することによって、ダーク・トライアドと非生産的職務行動との関連を検討しています。結果から、全体的にダーク・トライアドは、あらゆる種類の非生産的職務行動との間に関連が認められました。一方で、ダーク・トライアドは職業上のパフォーマンスにはほとんど関連しないことも明らかにされています。

ただし、この研究では少し変わった現象が見られることも報告されています。それは、ダーク・トライアドの三つを同時に用いて非生産的職務行動を予測すると、マキャベリアニズムとナルシシズムはプラスの関連を示すのに対し、サイコパシーだけはマイナスの関連を示すという現象です。マキャベリアニズムとナルシシズムの要素を取り除くと、サイコパシーはむしろ仕事において生産的な行動へと結びつく可能性があるのです。

この結果については、統計的な説明の可能性、方法論的な説明の可能性、そして理論的な説明の可能性が考えられています。

統計的な説明は、ダーク・トライアドの三つの性格特性が互いに関連することに起因します。サイコパシーは、マキャベリアニズムともナルシシズムとも関連します。そして、マキャベリアニズムやナルシシズムに比べると、サイコパシーは非生産的職務行動と非常に弱い関連しか示しませんでした。このような時に、ダーク・トライアドの三つを同時に用いて非生産的職務行動を説明する分析をすると、関連が弱い変数からの説明がマイナスになってしまうことがあります。

方法論的な説明は、分析に含められた対象者の問題です。この研究のメタ分析に含められた先行研究の中で、ダーク・トライアドのうちサイコパシーだけについて検討された研究では、警察官や軍人、刑務官など権威的な地位を対象としたものが多かったそうです。権威や上下関係の明確な組織に所属する労働者の場合、サイコパシー的な冷淡さが非生産的職務行動をむしろ抑制する方向に機能する可能性があると考えられます。このような組織では、サイコパシーの高い人物が望む組織内の地位の上昇が、真面目な勤務の中で明確にもたらされる可能性が高いからかもしれません。

そして、理論的な説明です。

†サイコパシー要素がもつ意味

理論的には、マキャベリアニズムの操作性とナルシシズムの自己中心性の要素が取り除かれたサイコパシーが、どのような意味をもつのかという議論がポイントとなります。

物語の中では、サイコパシー的な特徴をもつ登場人物が、魅力的に描かれることがあります。その代表的なキャラクターとして、シャーロック・ホームズを挙げることができるでしょう。多くの場面でシャーロックは、他の人の気持ちを考えず、自分が思ったことをずけずけと口にしていきます。たとえば服装や持ち物などの些細なヒントから相手がどこにいたのか、その人がどのような特徴をもっているのか、また本人が隠していそうな部分まで、相手が不快に思っていようが初対面の相手であろうが、お構いなしに指摘していきます。

イギリスの俳優ベネディクト・カンバーバッチは、ドラマシリーズ「シャーロック」で、現代版のシャーロックを演じています。その中で、「I'm not a psychopath, I'm a high functioning sociopath.（私はサイコパスではない。高機能ソシオパスだ）」というセリフを発しています。小説の中のシャーロック・ホームズが活躍したのが一九世紀末だとすれば、サイコパスやソシオパスという単語を使うこと自体が考えられません。このセリフ自体、非常に現代的なものだと言えます。

いずれにしても、ソシオパスはサイコパスとほぼ同じ特徴に対してつけられた用語ですが、理論が提唱された背景や時代から、より環境によって形成されることが仮定される概念です。カンバーバッチ演じるシャーロック自身が「高機能な」と述べているように、自己の利益を追求したり、他者を傷つけたりすることを目的としないサイコパシー的要素は、有能で仕事もでき、時に魅力的にすら映る人物となる可能性があるのです。

ちなみに、ある日私は自分の子どもたちと一緒に、シャーロック・ホームズの妹が活躍する『エノーラ・ホームズの事件簿』という映画を観ていました。この映画に登場するエノーラの兄シャーロック・ホームズは妹を献身的に助ける役回りを演じており、サイコパシー要素がとても薄いキャラクターとして描かれていました。その様子を見たときに思わず、「これはホームズらしくない性格だなあ」と思ってしまったのを覚えています。

他の人を自分の思い通りにあやつるマキャベリアニズムの要素と、過剰に自分自身にたいして特別な感覚を抱く自己中心的なナルシシズムの要素を取り除いたとき、サイコパシーに残された特徴は、利己的な要素が薄く物事に惑わされない、冷静な判断を下す人物像になります。このことが、仕事については一流のシャーロック・ホームズのように、条件によってはサイコパシーが生産的な行動へと結びつくという結果をもたらしていると考えられるのです。

3 ダークな性格が得意なこと

†学部専攻に見られるダークな性格の特徴

そもそも、ダークな性格の持ち主は、大学の学部選びの段階から独自の特徴が表れてくるようです。心理学者ヴェデルとドーセは、デンマークの大学に新しく入学してきた四八七名を対象に調査を行っています。年齢は一七歳から四五歳まで、平均年齢は二一歳でした。大学新入生といっても、日本の大学に比べると年齢範囲が広い印象です。

アンケートに回答した学生たちは、心理学専攻、経済学・経営学専攻、法学専攻、政治学専攻に分かれていました。ちなみに論文には、お礼として「くじ」を引くことができたと書かれています。当たりは一〇枚だけですが、好きなショップやカフェで使うことができる、アメリカドルで一四五ドル分の商品券が用意されたそうです。

さて、ダーク・トライアドのうちサイコパシーについては専攻間で違いは見られていません。しかし、ナルシシズムとマキャベリアニズムについては、専攻によって違いが見られました。心理学専攻の学生はナルシシズムもマキャベリアニズムも低い傾向が見られています。その一方で、経済学・経営学専攻の学生はほかの専攻の学生たちに比べて、ナルシシズムもマキャベリアニズムも高い傾向が見られました。法学や政治学を専攻する学生の平均値は、心理学と経済学・経営学専攻の学生とのあいだに位置していました。

　この調査が行われたのは、新学年が始まったばかりの九月です（デンマークの大学では、八月半ばくらいから新学年が始まるようです）。大学に入学した直後の学生たちであるにもかかわらず、すでに専攻間でダークな性格の平均値に違いが見られていることになります。

　ナルシシズムについては、仮想通貨（暗号資産）や株式に対する態度との関連を検討した研究も行われています[58]。この研究では「仮想通貨についてどう思うか」という質問に対して、「好ましくない」から「好ましい」まで、また「悪い」から「良い」までそれぞれ七段階で回答が求められています。加えて同時に、「株式についてどう思うか」という質問への回答も求められました。

　分析の結果、ナルシシズムは仮想通貨を「望ましい」と肯定する態度と関連を示しましたが、株式を肯定する態度とは明確な関連が認められませんでした。仮想通貨も種類は多いのですが、株式ほどではありません。株式に関しては選択しなければいけない銘柄も多く、個別の株式の売買によって結果は変わります。

そして仮想通貨と株式を比較すると、全体的な価格の変動の幅が異なります。このような変動の激しさのことをボラティリティと呼ぶのですが、両者の違いはここにありそうです。株式投資にもギャンブル的な要素はあるとは思うのですが、これまでの価格変動を見ると、仮想通貨のボラティリティのほうが大きく、投資に対する大きなリターンも期待されます（もちろん、価格が大きく下落する可能性もあります）。従って、この研究結果は、ナルシシズムの高さがより「一発大もうけ」を狙う選択につながる可能性を示しています。このように考えると、ダークな性格の持ち主が、危険な投資やギャンブルに魅力を感じる様子が思い浮かびます。

ギャンブルとダークな性格

ある行為がギャンブルかどうかを分ける境目は、どこにあるのでしょうか。刑法の解釈によると、賭博（ギャンブル）とは、偶然の勝負に関し財物の得喪（得ることと失うこと）を争うことだとされています。[59] とはいえ、競馬や競輪、ボートレースなどの公営ギャンブルを楽しむ人たちは、自分の賭けが「完全に偶然」だとは思っていないのではないかと思われます。

たとえば競馬の場合には馬の血統、個性、調教の様子、レースの距離や馬場の状況との兼ね合いなど、多くの情報を考えながら賭けを行っていく様子が思い浮かびます。しかしこれは投資ではなく、賭博だとされています。一方で、宝くじは完全に偶然で当選が決まることから、賭博の条件をみたしているように思われます。しかし、宝くじを買っている人は、自分の行為を「ギャンブルをしている」とは認識していないかもしれません。

ギャンブルを考えるときの一つの大きなポイントは、射幸心です。射幸心というのは、思いがけない利益や、降って湧いたような幸運を望む心のことであり、努力なしに偶然の利益や成功を願うことです。スポーツくじや宝くじがギャンブルではなく「くじ」だとみなされるのは、当選の確率があまりに低いので、射幸心が生じにくいだろうと判断されているところからきています。一方でギャンブルはそこまで当たる確率が低くなく、何回か試みると偶然当たりが生じます。すると、射幸心が刺激されて、「もう一度、もう一度」と何度も繰り返す行動へとつながってしまう可能性が高くなります。

さて、ではダークな性格はギャンブルをすることにつながるのでしょうか。

ポーランドのセクシンスカらは、二つの宝くじのうちどちらを選択するかという課題を実施して、性格との関連を検討しています[60]。これら二つのくじは当たりの金額が操作されていて、片方は当たる確率が高くて当選金額が低いリスクが低いくじ、もう片方は当たる確率が低く当選金額が高いリスクの高いくじでした。少しずつ金額が異なるくじが示され、一〇回選択が行われます。リスクの違いから、どちらを選択するかによって回答者がどの程度リスクをとるかが評価されました。

この研究では多岐にわたる性格の要因が検討されており、その中にはダーク・トライアドも含まれていました。そして結果から、ダーク・トライアドの中ではサイコパシーが、よりリスクの高いくじの選択をすることが示されました。

ギャンブルは射幸心を刺激します。そして射幸心から「ついもう一度」が繰り返されることで、日常生活に問題が生じるようになると、「依存」や「問題」だと判断されるようになります。常にギャンブルのことが頭の中を占めていて、ギャンブルのことばかりを考えてしまい、仕事や勉強、生活に支障が出てくるようになると、ギャンブルの行為そのものが問題だとされるようになってくるのです。このような状態に陥ることを、問題ギャンブリング（プロブレム・ギャンブリング）と言います。

アフリカのナイジェリアで、ダークな性格と問題ギャンブリングとの関連を検討した研究があります。[61] 調査の対象となったのは平均年齢二二歳のナイジェリアの大学生ですが、問題ギャンブリングを測定する基準から、低リスクのギャンブラーが約二割、中程度のリスクのギャンブラーが約三割、問題のあるギャンブラーは約五割という割合になっていました。

これらの数字を見ると、この大学ではギャンブルをする学生が多い、という印象を抱きます。論文に書かれている内容によると、調査が行われたナイジェリアは、アフリカ大陸のギャンブルビジネスの普及率では南アフリカに次ぐ第二位に位置しており、さらに現在も急激に成長しつつあるそうなのです。また、ワールドカップで日本と戦ったこともあることからも想像できるように、熱狂的なサッカーファンが多いナイジェリアでは、スポーツへの賭けも盛んに行われているようです。この調査は、スポーツ関連の賭けをした経験がある学生に対して、調査協力を依頼したのでした。

さて調査の結果によると、ダーク・トライアドの中ではサイコパシーが問題のあるギャンブルの多さに関連し、ナルシシズムは問題のあるギャンブルの少なさに関連することが示されています。特に、同じ大学生の中でも年齢が高くなると、サイコパシーの高さとナルシシズムの低さが、より明確に問題のあるギャンブルに関連していくことが示されています。

宝くじの研究でも問題のあるギャンブルの研究でも共通しているのは、サイコパシーの高さです。自分の利益を優先する傾向としては、マキャベリアニズムにもサイコパシーにも共通する部分があるのですが、マキャベリアニズムはギャンブルにはあまり関係しないようです。マキャベリアニズムの高さは、成功の見込みや確率を高める方法を戦略的に考え、他の人々を利用していくことに関連します。一方でサイコパシーの高さは、たとえ利益の確率が低くても、あとさきを考えず衝動的に行動していく特徴があるとされます。この点が、サイコパシーの高い人がリスクのある選択を行い、ギャンブルにも惹かれていく理由なのかもしれません。

†他者操作が役立つ仕事

ずいぶん昔、『永田町の掟――「欲望渦巻く町」の超ぶっとび事情』[62]（光文社、一九九五年）という本を読んだことがあります。この本の著者は豪徳寺三生となっていますが、国立国会図書館のデータベース上でもこの名前がペンネームであることが示されています。そして、このペンネームの持ち主は、もと総理大臣である小泉純一郎氏の秘書であり、安倍政権で内閣官房参与も務めた、飯島勲氏です。

この本の中で描かれているエピソードは、どれも非常に面白いものです。

選挙ではいかに他陣営を出し抜き、自陣営に有利に事が運ぶかを予測しながらさまざまな作戦を練って実行していく様子が描かれます。もちろん、どこまで本当のことなのかはわからないのですが……たとえば、選挙が終わると、必ずと言っていいほど選挙違反で摘発されるニュースが流れます。

選挙が始まると、各都道府県の警察本部が選挙違反の摘発に備えるようなのですが、経験を積んだ秘書はそのことを十分に頭に入れた上で、事務所を設置して運営するそうです。自分が捜査員だったらどこで見張るのかを考え、他陣営からの監視も考えます。入り口を見張りにくい場所に設置したり、周囲に身を隠す場所がないような空き地の真ん中にプレハブ小屋を建てて事務所にしたりする様子が書かれています。相手の出方を先に読んでいかに出し抜くかが、必要とされるスキルの一つになっています。

また、こんな話も載っています。選挙運動の期間中、ひとりの選挙スタッフに、毎朝出勤したら指定された場所から段ボールの箱をもって二階に上がり、夜遅くもとのところに戻すように伝えます。段ボールの中には、特に重要なものは入っていません。他のスタッフには、「誰かに何か聞かれたら、彼は口が固くて凄く信頼されているとだけ答えるように」と徹底しておきます。その一方で、警察には「動きのおかしいスタッフがいるので見張ってください」という連絡を入れておきます。当然、連絡を受けた警察は、毎日朝晩かならず段ボールを運んでいるスタッフを、重要人物としてマークすることになります。

さて、投票が終わると警察の捜査が入り、段ボールを運ぶ怪しい行動をしていたスタッフも取り調べを受けることになります。しかし当然、そのスタッフは段ボール箱の中身を知りません。そして周囲のスタッフも、「彼は口が固く信頼されています」と供述しますので、拘留は長期間に及びます。しかしいつまで経っても、何日過ぎても、その男性は口を割ることはありません。何も知らないのですから、それが当然です。

さて、なぜこんなことをするかというと、スタッフの拘留が長期間に及んでいる間に、当の選挙事務所では、本当に選挙違反をしていたことの証拠をすべてきれいに処理して、安全を確保するという作戦になっているからです。

その間にも、秘書は何度も拘留されているスタッフのもとに差し入れを携えて面会に行き、「出られるようにしてやるから、もう少し我慢しろ」と慰め励まします。無事、拘留期間が終わって警察から出てきたスタッフは、何度も訪問してくれた秘書に感激して、本当は作戦のために一つのコマとなって動いていただけであるにもかかわらず、末永くこの秘書に忠誠を誓うようになるというのです。

いや、本当にこういうことがあるのかどうかはわかりません。本の中でも「聞いた話です」と書かれていますので……。しかし、このエピソードを読んだとき、「自分には、とてもこんなことはできない」と強く感じて印象に残っています。

もちろん、この本に面白おかしく挙げられているエピソードは極端な例だとは思うのですが、うまく全体の図式を描いて自分の思い通りに動かし、他の人たちもその作戦の中で動いていく、まさに「他者を操作する」という能力が、社会の中で有利に働く場面があることは間違いないと言えるのではないでしょうか。

4　ダークな性格は、社会的成功につながるのか

†ダークな性格のどんなところが成功につながるのか

イギリスの心理学者ダットンは、外科医、弁護士、企業のトップなど非常に成功する人々の間にも、サイコパシーの高い人々がいると述べています。[63] リスクを回避しないという特徴と、良心の呵責をあまり感じないという特徴は、犯罪においても、ビジネスにおい

ても、状況次第で有利に働く可能性があるというのです。

確かに、ダークな性格の持ち主の特徴の一つである冷淡さ、他者の感情を切り離して捉えること、自分自身の感情をコントロールすることは、ときに仕事の上で重要な要素となります。

たとえば、ダットンが挙げている例の一つが、外科医です。絶対に失敗することができない細かく慎重な作業が必要となる手術に臨むときには、緊張するはずです。少し手元が狂えば、目の前の患者さんの命が失われてしまう可能性があります。加えて、患者さんの家族が涙ながらに手術の成功を訴え祈る姿が、頭をよぎるかもしれません。このような状況の中で集中力を高め、手術を成功へと導いていくためには、優しさや共感といった要素というのはむしろ邪魔をしてしまうかもしれないのです。

また、株式などで大きな金額の投資にかかわる仕事も、大きく感情を揺さぶられることがありそうです。マーケットで株価が乱高下するときに、気持ちをかき乱されずに冷静に次の一手を指すことができるディーラーであれば、長期にわたって活躍することができるかもしれません。

さらに、圧倒的に不利な証拠を突きつけられたとしても、その論理の隙を突き、陪審員の心証を大きく変えることに成功する弁護士も、うまく自分自身の感情をコントロールする特性を最大限に発揮することができる職業として例に挙げられていました。日本の場合は陪審員制度ではありませんので、海外のテレビドラマで見るような弁護士の姿はないでしょうけれども、ハードな交渉をする仕事には必要な資質と言えるかもしれません。

加えて、戦地の最前線で戦闘状態になり、窮地に陥ったとしても、一瞬のうちに的確な判断を下すことで皆の命を救うことができる司令官も、同じような特徴をもつと書かれています。このような司令官も、多くの映画やドラマで描かれる姿ではないでしょうか。

ダットンは、次の七つの要素の程度を調整してミックスすることで、サイコパシーの特徴をうまく利用して成功へとつなげることが可能になると述べています。

❶非情さ
❷魅力
❸一点集中力
❹精神の強靭さ
❺恐怖心の欠如

❻マインドフルネス
❼行動力

なおこの中でマインドフルネスというのは、いま目の前にあることに意識を集中して、他のことに気をとられないようにすることを意味しています。

これらは、すべてを同程度に兼ね備えるのがよいというわけではありません。目的に応じて色を混ぜ合わせるように、強弱を変えながら適切に調整するのがよいようです。皆さんが活躍する場面では、どのような配合がよさそうでしょうか。とはいえ、その一方で、自分自身でこれらをうまく調整するのも難しそうです。となると、自分の特徴を把握した上で、うまく活躍できる場所や解決できる課題を探していくのがよい、ということになるのでしょう。

†ダーク・トライアドと職場の雰囲気

ダーク・トライアドの三つの性格特性が、職場の雰囲気をどのように認識することに関連するのか、またどのような職場の認識を介して仕事上の満足度を抱くのかについて検討する研究があります。[64]

この研究では職場の雰囲気を、「高い評判（プレステージ）」「競争性」「自律性の低さ」という三つの側面から測定しています。まず「高い評判」は、所属する職場が社会から高く評価されており、地位が高い職場だと認識する傾向のことで、「社会の人々は私の組織を高く評価している」などの質問項目で測定されています。

次に「競争性」は、激しい競争が職場の中で繰り広げられていると認識することを意味しており、「私の会社の競争は激しい」といった質問項目で測定されています。そして「自律性の低さ」は、職場の中での活動に制限があり、何をするにも常に許可が必要だと認識する傾向を表しています。これは、昼休みや休暇を取るのにどれくらいの頻度で許可を取らなければいけないか、また職場で他人から命令される頻度などで測定されました。

ダーク・トライアドと職場の雰囲気の認識との関連をみると、マキャベリアニズムとサイコパシーはともに「高い評判」とマイナス、「競争性」とプラスの関連が見られています。またナルシシズムは、「高い評判」とも「競争性」ともプラスの関連が見られました。ダーク・トライアドは全体的に、職場の雰囲気を競争的だと捉える傾向に関連するようです。

もう少し詳しく分析を進めていくと、マキャベリアニズムが高い労働者は、自分が社会からの評価が高い職場で働いており、制限が少なく自律的な職場で働いていると認識するときに仕事の満足感を強く抱く傾向があり、離職しようとする意図が少なくなる傾向が見られています。一方で、サイコパシーが高い労働者は、競争が激しい職場で働いていると認識するときには満足度が低くなり、離職への意図が見られるようになります。サイコパシーが高い労働者は、自分の職場を競争性が高いと認識しがちなのですが、そのような認識があると満足度が低下してしまうようです。そしてナルシシズムが高い労働者は、自分自身が働いている職場が社会からの評判も高く、地位も価値も高いところだと認識するときに、仕事に満足し離職の意図がみられないという結果も示されています。

ダークな性格のそれぞれは、職場の雰囲気をある特徴を伴って捉える傾向が見られるのですが、それぞれの特徴をもつ人物がどのような職場で働くかによっても、仕事への満足度や適応の程度が変わってくるようです。特に重要なのは、その職場がどれだけ社会から評価されているのか、地位が高そうなところであるのかという要素と、どれだけ自由に活動できる職場であるかという要素であるようです。

第3章 身近な人間関係の中のダークな性格

1　恋愛関係とダークな性格

この章では、特に恋愛関係や婚姻関係という親密な人間関係を取り上げてみたいと思います。親密な人間関係は、私たちの心理的な特徴が如実に表れる代表的な場面だと言えます。身近で親密な人間関係の中でのダークな性格の役割について、考えていきましょう。

†恋愛スタイルの六タイプ

カナダの心理学者であり作家、そして活動家でもあるジョン・アラン・リーは一九七〇年代に「恋愛色彩論」と呼ばれる独自の理論を提唱しました[65]。リーは、古今東西のさまざまな文献の中で、愛がどのように描かれているのかを調べていき、三つの主要タイプ（エロス型、ルダス型、ストルゲ型）と三つの副次的タイプ（マニア型、プラグマ型、アガペ型）にまとめました[66]。

まずは、主要タイプについて見ていきましょう。

エロス型はロマンチックな愛を表しており、恋愛関係の中でお互いに安心した関係を築き、情熱的で親密な関係を営もうとする特徴をもつ愛のパターンです。一方で、熱しやすく冷めやすい特徴も備えており、恋に落ちやすい一方で飽きやすく、相手を独占しようとするわけではありません。

ルダス型は、ゲームのような恋愛にたとえられることがあります。このタイプは恋愛そのものに没入するというよりも、お互いに楽しむことが重要で、安定した関係を求めるわけではありません。特に、相手よりも優位な立場にいることができる場合には、複数の相手と関係をもつことも「楽しみのひとつ」となるかもしれません。

ストルゲ型は、友情に近い愛の形だとされます。強い情熱を感じるというよりも、お互いに支え合い、信じ合い、協力するような関係です。物語の中で、幼なじみの関係から次第に恋愛へと発展していく関係性が描かれることがあります。ストルゲ型の恋愛は、このパターンに近いものだと考えられます。

次に、副次的タイプです。

マニア型の特徴は、熱狂的な愛情をもつことです。「マニア」という言葉からは、趣味に熱中する人をイメージするかもしれません。心理学で「マニア（mania）」は、うつ状態とは逆に気分が高揚して危険を顧みなくなる症状を示す躁病のことを意味します。マニア型の愛は、相手を理想化し、独占したいと思い、些細なことで嫉妬心を抱くことを特徴とします。マニア型の人は、恋愛関係を求める一方で、相手の心変わりや喪失に対する不安も抱きやすいと考えられます。関係をもったとしても、相手に自分の感情を押しつけやすく、それが満たされないことから欲求不満も抱きやすいかもしれません。

アガペ型は、相手のことを第一に考える、利他的な愛の形です。自分中心ではなく相手が中心で、相手の幸せや求めることをかなえるためなら自分が苦しんでもかまわないと考えます。献身的に相手に尽くし、見返りを求めることも少なく、嫉妬心にもつながりにくい愛情のスタイルです。アガペ型の愛情スタイルをもつ人は、寛大で忍耐強く、相手への理解力も高いとされます。しかし一方で、相手に引け目や罪悪感を抱かせてしまうかもしれません。

プラグマ型は、実用的な愛のスタイルだとされます。このタイプは愛情そのものではなく、何か別の目的や期待をもつ傾向があります。自分自身に、「幸せな家庭を築く」「相性が良い」「地位を向上させる」「お金持ちになる」などの理想が強くあり、恋愛をその目的を達成するための手段だと考えます。そのため、自分が理想的だと考える相手を探し、理想から遠いと相手を拒絶する傾向があります。一見、幸せそうな関係を築いていたとしても、内面は「幸せな人生を送るためには、愛し合うべきだ」と、愛情そのものではないところに目的が置かれているかもしれません。

これらの愛のパターンはルダス型―プラグマ型―ストルゲ型―アガペ型―エロス型―マニア型そして再度ルダス型と円環状に並べられ、隣り合った類型は似た特徴を、円の反対側の類型は遠い特徴を示します。コンピュータのお絵かきツールで色を選ぶときに、円環状のパターンが表示されることがあります。この色相環になぞらえて、恋愛色彩論と呼ばれることがあるのです。

ジョナソンらは、リーの恋愛類型論のうちどのパターンがダーク・トライアドに関連するのかを検討しています[67]。三二五名を対象とした調査データを分析した結果から、ダークな性格は全体として、ルダス型とプラグマ型のスタイルに関連することが報告されました。また、女性よりも男性のほうがダークな性格からルダス型の恋愛スタイルに結びつきやすいことも示されています。ルダス型は恋愛関係をゲームのように楽しむことを重視し、プラグマ型は恋愛そのものよりも別の目的を前提として恋愛関係を営むパターンです。ダークな性格の持ち主は、恋愛そのものというよりもほかの目的を重視し、恋愛関係をその目的に利用する傾向があると言えるのかもしれません。

†見知らぬ人に「今晩、一緒に過ごしませんか?」と言われたら

あなたは大学のカフェテリアで一人座り、読書をしています。「すみません」と声をかけられて顔を上げると、見知らぬ異性の大学生が微笑みながらあなたに話しかけてきました。

「突然で申し訳ありません。前からあなたのことが気になっていて。今晩、お時間があるようだったら、私とデートしませんか?」

いきなり声をかけられて、こんなことを言われたとしたら、あなたはどのような反応をするでしょうか。

ハワイ大学の心理学者ハットフィールドらは、大学の中でまさにこのようなフィールド実験を行いました。[68]

時代は一九七八年です。ハットフィールドたちは、フロリダ州立大学の学生、女性五名と男性四名に協力してもらい、大学キャンパス内の異なる場所で見知らぬ異性に声をかけてもらいました。協力者たちには、機会があれば実際に一緒に一晩を過ごしてもよいと思えるほど魅力的な異性にだけ近づいて声をかけるように指示されていました（実際に、こ

のように論文に書かれているのです)。まず、「前からあなたをキャンパスで見かけて気になっていました。とても魅力的な人だと思って」と、前振りをします。そして、次に三種類のセリフを用意しました。

「今晩、私とデートしませんか？」

「今晩、私のアパートに来ませんか？」

「今晩、私と一晩一緒に過ごしませんか？」

ちなみに、声をかける協力者には事前にボードが手渡されており、順にページをめくっていくように指示されています。そして、そのページに書かれているセリフを言うことになっていたのでした。ちなみに、協力者たちは声をかけた異性の魅力度を1点（全く魅力的ではない）から9点（非常に魅力的）までの九段階で回答するようにも指示されていました。女性の協力者は声をかけた相手の男性を平均7・30点だと評価しており、男性の協力者は声をかけた相手の女性を平均7・70点だと評価していました。

さて、男性が声をかけても女性が声をかけても、「今晩、私とデートしませんか？」と声をかけられた異性のターゲットは、約半数が同意しました。一方で、「今晩、私のアパートに来ませんか？」と「今晩、私と一晩一緒に過ごしませんか？」への回答は、ほぼ同じパターンを示していました。どのような結果かというと、まず男性が声をかけた場合には、ターゲットとなった女性の同意率はほぼゼロ（アパートは5％、一晩過ごすは0％）でした。その一方で、女性が声をかけた男性ターゲットについては、七割前後が「いいよ」と同意したのです。

ハットフィールドたちは、一九八二年にも別の学生たちに協力してもらって、全く同じ実験をしています。そして、そこでの結果もほとんど同じようなものでした。

女性が声をかける場合には、男性たちは「どうして夜まで待たないといけないの？」とか「今は無理だけど、明日ならいいよ」と答えたりもしたそうです。一方で、男性に声をかけられた女性たちは「冗談でしょう」「どうしたの？　放っておいてよ」などと回答したという例が論文の中に挙げられています。

さて、予想どおりと言いましょうか、この研究が発表された後に、さまざまな議論が巻き起こったそうです[69]。男性は軽薄なのだとか、社会的強者が弱者につけ込もうとする様子の表れだとか、多くの意見が主張されたようです。それに対してハットフィールドたちは、さらに複数の学生の顔をコンピュータで合成した架空の人物の顔写真を使って、この人物が「デートしてくれますか？」「私のアパートに来ますか？」「今晩一緒に寝ますか？」と声をかけてきたときの学生たちの反応についても実験で示しています。[70] なお、この実験では「一緒に寝ますか？」と、以前の実験よりもより直接的な表現が用いられました。実験の結果、やはり女性よりも男性の方が、より直接的な性的な申し出を受け入れる傾向が強かったと報告されています。

†ナンパとダーク な性格の関連

ドイツの心理学者デュフナーやラウスマンたちは、ドイツの大都市ミュンヘンで、一八歳以上の異性愛者の男性六一名に、街の中で女性に声をかけてもらう実験を行っています。[71,72] つまり、男性に協力してもらって、街中で女性に対してナンパをしてもらう実験です。この研究に参加した男性の平均年齢は二五歳でした。

研究に協力する男性たちはまず説明会に招待され、研究の目的について説明されます。そして研究への参加に同意し、いくつかの性格を評価する心理尺度に回答します。ここで、ダーク・トライアドについても評価が行われています。その後、二〇秒から三〇秒間の短い自己紹介をしてもらい、それをビデオで撮影します。この録画された自己紹介の動画を使って、全く別の人たちが、それぞれの参加者がどの程度魅力的な人物であるかを評価しました。

一週間から三週間後、それぞれの男性は約五時間かけてミュンヘンの街の中を歩き、自分で選んだ二五人の女性に声をかけます。そしてその場で、メールアドレスや電話番号などの連絡先を手に入れます。それぞれの女性に声をかけた後には、その女性の様子とどのようなやりとりをしたのかについて、またその際の自分自身の意識について簡単なアンケートにも回答しています。

なお、それぞれの男性は、女性に声をかけている最中、実験協力者である二名の女性観察者から目立たないように観察されていました。この観察者たちは、男性のやりとりを評価するだけでなく、女性に声をかけているときの状況を記録し、もしも不適切な言動を見かけたときには、いつでも中断させる役割を担ってもいたそうです。さらにこの観察者たちは、男性が去った後、声をかけられた女性に近づいていき、男性とのやりとりについて情報を収集する役割も担っていました。

なお、こういった研究を進めるためには、倫理的な配慮を慎重に行う必要があります。この研究も、ベルリンのフンボルト大学の倫理委員会で研究の手続きが審査されています。どの参加者についても、不快感を覚えたらいつでも参加を取りやめることができる状態であることや、この研究プロジェクトのすべての内容が包み隠さず参加者たちに開示されていること、じゅうぶんに説明を行った後で研究への参加の同意と本人の署名を得ることなどが、実験手続きの中で行われています。

この実験ではミュンヘンの街中で、実に一三九五名にのぼる女性が実際に声をかけられたと論文に書かれています。

そしてこの結果から、ナルシシズムの中でも自分に自信があり自らを称賛し、周囲にも優れた姿をアピールするような側面をもつ男性は、より多くの人数の女性に声をかけ、女性から全体的にも外見的にもより「魅力的だ」と評価され、より大胆な行動をすると評価される傾向が見られました。一方で、声をかけられた女性の身体的魅力についても評価が行われているのですが、ナルシスティックな男性がより外観が魅力的な女性ばかりに声をかけたのかというと、そういうわけではなかったことも報告されています。[73]

加えてマキャベリアニズムに注目すると、声をかけるときの天気との関連で興味深い結果も報告されています。[74] マキャベリアニズムが高い男性は晴れて明るい街中よりも、天気が悪く暗い雰囲気の場合に積極的な態度が見られ、声をかけた相手の女性から好ましく魅力的だと認識され、さらには相手の女性の笑顔が多くなる傾向も見られることが報告されています。

ラウスマンらは、ダークな性格の持ち主がより照度が低い、暗い環境の中で異性との環境が成立しやすいのではないかという仮説を立てています。そして実際に、マキャベリアニズムが高い男性は、明るい晴れた空のもとよりも暗い曇天の時に、異性へのアプローチに成功しやすいことが実験で示されたということです。ナルシスティックな男性が、全体的に女性から好ましい印象を引き出すのに対して、マキャベリアニズムが高い男性は暗い環境の中でより好ましい印象を引き出すという結果は、同じダークな性格でも実際の行動上の特徴や働きが少し異なる様子を表しています。

さて、実はこの研究についても、私は海外の学会会場の聴衆の一人として、たまたま発表の内容を聞いていたのでした。二つの論文について説明しましたが、これらのうちどの部分を学会会場で聞いたのかは、もう覚えていません。しかし、彼らの一連の実験手続きの内容を聞きながら、「なんという研究計画なのだろう。こんな大胆なことを実際に進めたなんて信じられない」と率直に思ったことを今でも鮮明に覚えています。世の中には面白いことを考えて、実際に行ってしまう研究者がいるものだと感心した出来事の一つでした。

2　ダークな性格の生活スタイル

†夜型で街を好む性格

そもそも、ダークな性格の持ち主は、朝型というよりも夜型の生活を好む傾向があるようです[75]。ある個人が日々の生活の中で、どの時間帯にもっとも活動的になり、どの時間に睡眠をとりがちなのかというパターンのことを、クロノタイプと言います。平たくいうと、朝型か夜型かという個々人の生活パターンのことです。

ジョナソンらは、クロノタイプとダーク・トライアドとの関連を検討し、ダーク・トライアドの高い人達が夜型のクロノタイプをもつ傾向にあることを報告しています。先ほどの男性が女性に声をかける研究でも報告されたように、ダークな性格の持ち主は朝よりも夜になると、活発に活動しがちなのかもしれません。

ちなみに、イグ・ノーベル賞という、「人々を笑わせ考えさせる研究」に対して贈られる賞があります。これはノーベル賞のパロディーなのですが、であるにもかかわらず世界中で知られており、毎年ハーバード大学で行われる授賞式の様子は動画でも中継されますし、ニュースとして報道もされます。日本人研究者も毎年のように受賞していますので、ニュースを見かけたことがあるのではないでしょうか。そしてジョナソンは、ダークな性格の持ち主が夜型だということの論文で、二〇一四年のイグ・ノーベル賞を受賞しているのです。

またジョナソンらは二〇一八年の論文で、ダークな性格の持ち主がどのような場所に好んで居住しがちかということも検討しています[76]。性格と居住地との関連は、二一世紀になってから注目されるようになった研究テーマの一つです。

たとえば、活発で社交的な特徴をもつ外向的な人は、海辺や開けた広い場所を好み、内向的な人は山や木々が茂った土地を好むという報告があります[77]。また、アメリカ合衆国では、知的好奇心が高く創造性豊かで多様性を受け入れる特徴をもつ開放性が高い地域では、共和党支持者よりも民主党支持者が多く、リベラルな政治的志向をもつ人々が多く、特許出願数や芸術文化系の職業が多い傾向があると報告されています[78]。

さて、ではダークな性格の持ち主たちは、どのような地域に住む傾向があるのでしょうか。論文の中では三つの調査結果が報告されています。最初の調査では、いずれのダーク・トライアドも高い人々は、人口密度の高い地域に居住する傾向が見られています。しかし部分的に男女差があり、サイコパシーの高い男性は人口密度の高い地域に居住し、サイコパシーの高い女性はむしろ人口密度の低い地域に住む傾向が見られています。

また二つ目の調査では、ダーク・トライアドの高い人々が、田舎よりも都会に住む傾向が見られることが報告されています。そして三つ目の調査では、どのような地域に住みたいかが検討されました。その結果、ダーク・トライアドの高い人々は田舎や郊外よりも、都市部に居住したいと考える傾向が見られることが示されています。

朝型というよりも夜型で、田舎よりは刺激の多い都市部に住みたいと思い、実際に居住する傾向がある人々の間で、ダークな性格が高い傾向があるようです。もちろんこれらの結果は、確率的にその傾向が高いということを示しているに過ぎません。しかし、このような人たちは、穏やかで安全な環境よりも、刺激が多く危険に巻き込まれる可能性のありそうな場所に魅力を感じるのかもしれません。

†情緒的な結びつきのない性的関係を好む

ソシオセクシャリティという言葉をご存じでしょうか。これは、情緒的な結びつきがない相手との間で、性的な関係を築く傾向のことを指します。[79] 多くの相手と性交渉を行うこと、一度きりの性交渉をした相手が多数いること、深い愛情を伴うことなく性交渉を行うこと、また、会ったばかりの相手との性交渉について何度も空想してしまうことなどが具体的な例です。実際の行動や相手に対する態度、そして願望という側面から成り立ちます。

研究結果によると、ソシオセクシャリティは女性よりも男性で顕著に見られ、浮気をしたり不倫をしたりすることにも密接に関係しています。

ドイツで企業のコンサルタントもしつつ心理学の研究もしているフリースと、ここまで何度も登場している心理学者ジョナソンは、ダーク・トライアドとソシオセクシャリティとの関係を検討しています[80]。ドイツ語圏で約五〇〇名を対象にオンライン調査が行われ、ダーク・トライアドとともに、行動・態度・願望の側面からソシオセクシャリティが測定されています。

加えて、これまでの人生での性的パートナーの人数、一夜だけをともにした相手の人数、避妊なしでの性交渉、出会い系アプリを介したセックス・パートナーの人数、さらに女性の場合にはセックスワークに従事した経験、男性の場合には客として利用した経験があるかどうかなど、多岐にわたる合計で二二個の側面からソシオセクシャリティに関連する行動や特徴が測定されました。

ソシオセクシャリティの二二側面のうち、マキャベリアニズムと関連が見られたのは一四側面（64％）にものぼりました、またサイコパシーは一〇側面（45％）と関連が見られ、ナルシシズムと関連が見られたのは四側面（18％）にすぎませんでした。また男女別で見ると、マキャベリアニズムは女性よりも男性において、ソシオセクシャリティとの関連が多くみられました。一方で、サイコパシーに関しては、男性よりも女性で性的活動と密接な関係が見られたということです。カジュアルな性交渉を行うのは、マキャベリアニズムが高い男性と、サイコパシーが高い女性の組み合わせだということなのでしょうか。

†マッチングアプリとの親和性

二〇二〇年以降、インターネット上でユーザー同士を引き合わせるサービスであるマッチングアプリの市場が日本でも急成長を遂げています。特に新型コロナウイルス感染症のパンデミック中には、現実の人間関係が大きく制限されてきました。このような背景の中で、ますます多くの人々がこのサービスを利用するようになってきたように感じます。大学の中でも学生たちが当然のようにマッチングアプリを利用しており、実際にカップルになる事例も珍しくありません。

スマートフォンが普及する以前にも、パソコンを使って電話回線経由で通信をしていた時代からオンラインの出会い系サービスは存在していましたし、一九九〇年代には電話回線のダイヤルQ２（キュー・ツー）サービスを利用したツーショットダイヤルも話題になっていました。時代は移り変わり、現在では圧倒的にスマートフォン上のアプリを介したサービスが多くなっています。この手のアプリは、位置情報ベースのリアルタイムデーティング（Location-Based Real-Time Dating: ＬＢＲＴＤ）と呼ばれています。

オンラインを介したサービスは、身のまわりを中心としたネットワークに比べると、より広いネットワークの中で恋愛相手や結婚相手の候補と出会うことを可能にします。また、事前に詳細な個人情報を登録しておくことで、同じような性的嗜好性や同一の宗教的背景をもつパートナーとマッチングすることもできます[81]。

マッチングアプリを用いる背景には、さまざまな要因があることでしょう。結婚相手を求めることを婚活、婚活になぞらえて恋愛相手を求める活動を恋活と言ったりもします。また、一時的な遊び相手を求めるために、マッチングアプリを使用する人もいることでしょう。各社のマッチングアプリ、それぞれ目的を絞る傾向もあります。

さて、ここまで見てきたように、ダークな性格の持ち主は一時的な恋愛を求める傾向があるようです。この特徴からすると、マッチングアプリの利用率も高いのではないかと予想されます。では、実際に関連を検討した研究の結果は、どうなのでしょうか。

実際に普段のマッチングアプリの利用状況と、性格との関連を検討した研究があります。[82]ドイツで五〇〇名以上がアンケート調査に参加し、さらに約半数がスマートフォンの利用状況を追跡するアプリをインストールしています。この方法で、アンケートによる自己報告でマッチングアプリをどの程度利用しているのかと、実際にスマホでどれくらいマッチングアプリを利用しているのかという両方の情報を得ているということです。

そして結果から、ナルシシズムとマキャベリアニズムが、全体的なアプリの利用と一日あたりのアプリの利用にそれぞれ関連することが示されました。加えて、ダーク・トライアド以外の一般的に見られる性格の枠組みである、ビッグ・ファイブ・パーソナリティ（外向性・情緒安定性・開放性・協調性・勤勉性の五つ）と比べると、明らかにダークな性格の方が、マッチングアプリの利用率に強く関連するということが示されています。

性格特性の中でもダークな性格群は、マッチングアプリとの親和性が高いようです。

†マッチングアプリで荒らし行為をする人々

日本国内では参入障壁の低さからか、非常に多くのマッチングアプリがサービスを提供しています。一方で、世界最大のマッチングアプリといえば、ティンダー（Tinder）です[83]。ティンダーは二〇一二年にサービスが開始され、現在では一九〇カ国以上でサービスを展開しています[84]。

マッチングアプリについては、利用に伴って危険性が指摘されることもあります。特にティンダーは無料で利用できることもあり、「Tinder」を検索しようとするときの検索サイトのサジェスト機能（自動的に検索用語を表示する機能）でも、「危険」「身バレ」などあまり望ましくない言葉との組み合わせが表示される印象があります。

マッチングアプリ上で、迷惑行為は生じるのでしょうか。一般的に、ネット上の荒らし行為というのは、他人を意図的に挑発し、争いや感情的な反応、コミュニケーションの分断を引き起こす欺瞞的で破壊的な行為とされるものを指します[85]。ネット上で人々を困らせることを意図して投稿したり、物議を醸すような話題をSNSで拡散したり、面識のない人を困らせるようなコメントを残したり、攻撃的な投稿をして相手が困っている様子を面白がったりすることです。このような行為をする側は、される側の気持ちをあまり考慮しないのではないでしょうか。

SNSなどネット上で辛辣な言葉を投げかけられたり、迷惑な行為をされたりすることの悪影響は、実際の対人場面でハラスメントを受ける際の心理的な悪影響と似たものだという指摘があります[86]。実際、何気なく書き込んだ投稿に対して攻撃的な反応が返ってくると、目の前で言われたかのように腹が立ち、この出来事が何度も頭の中で反芻されてしまうものです。「何か相手に返した方がいいのではないか」「でも、このまま放っておくのがいいのか」と思い悩み、苦しい思いをする人もいることでしょう。しかも相手は匿名で、誰なのかもわかりません。冷静に考えてみれば、些細なことですしどうでもいいことなのかもしれませんが、この些細なことで思い悩んでしまうこともあります。

もしも相手が意図的に、あなたが思い悩むことになるだろうと想像してあえてこの攻撃的な書き込みをしてきたら、どうでしょうか。悪意をもって攻撃的な書き込みをすることも、ネット荒らしの例です。そして、これらのネット上の荒らし行為は、ダークな性格に関連することが報告されています[87]。そしてダークな性格の中でも特に関連するのは、他者が苦しむ様子を見て喜ぶ特徴をもつサディズムなのです。

では、マッチングアプリ上での荒らし行為とダークな性格との関連はどうなのでしょうか。[88]研究の中で検討されているのは、攻撃的なコメントを投げかけたり、荒らし行為を楽しんだり、アプリに参加している人を悲しませようと意図してやりとりをしたりすることを行う傾向についてです。

結果から、マッチングアプリ上の荒らし行為は、ダークな性格の中でも特にサディズムとサイコパシーと強く関連することが示されました。この結果は、他の人をバカにしたり辱めたりすることの中に楽しみの要素を見出し（サディズム）、他の人の苦痛を深刻に捉えない（サイコパシー）傾向が、マッチングアプリ上の荒らし行為に関連することを意味します。ナルシシズムやマキャベリアニズムが関連しなかったということは、自己を素晴らしく見せようとしたり、他の人を思い通りに利用したりするよりも、より衝動的で悪意を伴う要因が、マッチングアプリ上の荒らし行為に関連することを示唆しています。

†略奪愛とダークな性格の高さ

マッチングアプリを、浮気や不倫に使うというケースがあるかもしれません。恋愛関係における略奪（mate poaching）という行為があります。これは、すでに恋愛関係にある個人を惹きつけようと意図された行動であり、ほかの人の恋愛パートナーを自分の交際相手にするために奪う行為のことです。[89] 調査によると、日本では男性の12・5%、女性の8・1%はほかの人のパートナーを奪った経験があり、男性の12・2%、女性の4・8%は自分のパートナーを誰かに奪われた経験があるそうです。[90] 恋愛関係の中でパートナーを誰かに奪われたり、また自分が奪ったりする現象というのは、思ったよりも身近にあるようです。

そして、この「奪ったり奪われたりする」恋愛関係のあり方が、ダーク・トライアドに関連するのかどうかを検討した研究があります。[91] この研究では、平均年齢二〇代後半の男女三三六名を対象にした調査が行われています。調査の内容は、ダーク・トライアドと交際関係を維持する努力、そして略奪や被略奪関係についてです。

ここでの交際関係を維持する努力というのは、相手に愛情を注ぐことというよりは、うまく相手をつなぎ止めておくテクニックに近いものです。相手の気持ちが離れないように警戒することや相手の時間を独占すること、相手の嫉妬心を誘発するような行動をすること、相手が不倫をしたら罰を与えること、性的な魅力を相手に示すこと、恋愛のライバルに対して脅したり暴力をふるったりすることが含まれます。略奪関係については、自分が奪った経験、ほかの人に奪われた経験、パートナーを奪われた経験、一時的な浮気の経験などが尋ねられています。

分析の結果から、交際関係を維持する努力についても、略奪・被略奪関係についても、ダークな性格の高さに関連していることが示されました。また、ダークな性格の高さが略奪関係の多さにつながり、そこから交際関係維持行動へとつながることも示されました。加えて、先に述べたような極端な交際関係維持行動を行うことで、かえって交際相手が去っていく傾向が高まることも示されています。

ダークな性格の持ち主は、パートナー自身への関心があまり高くなく、関係性そのものを楽しんだり関係をもったりすることで得られるメリット（性的、金銭的、地位など）に焦点が向きやすいと考えられます。そして、進行中の関係から新しい関係へと移行することについても、あまり躊躇がありません。新しいパートナーを得たり、人から奪ったり、自分自身が誰かに奪われたり、一時的な関係性をもったりすることで、結果的に多くの相手との関係をもつことへとつながります。

さらに、ダークな性格の持ち主は、略奪されそうになる状況に気づくと、あの手この手で交際を維持しようと行動するようになります。しかしその行動には、相手を縛り付けて自分の思いどおりにしたいとする意図や欲求が伴いがちです。その結果、最終的に関係が長続きしていないことを、この研究の結果は示しています。

†カップルの満足度とダークな性格

カップルにとって互いの関係に満足することは、関係の継続や終了に大きく影響する要因の一つです。しかし、関係性と満足度は、完全に合致するわけではありません。互いのやりとりが少なく密な関係性がなくても、十分に満足しているカップルもいますし、やりとりが多くてもお互いにあまり満足していないカップルもいます。また、満足するから密接な関係性が生じるのか、密接な関係性が形成されるから満足するのか、両者の因果関係についても明確ではありません。

これらの因果関係については、カップルの関係性が自動車の実際の速さ、満足度がスピードメーターのようなものだと考えるとよさそうです。自動車が速く走れば、スピードメーターの数字は上昇します。同じようにカップルの関係性が形成されていけば、その関係の中で満足を得やすくなるでしょう。つまり、関係の満足度は、関係性の内容で上下するメーターのようなものだという考え方です。一方で、スピードメーターを無理やり操作しても自動車のスピードは速くはなりません。同じように、無理やり認識を変えたり思い直したりして満足度だけを高めても、実際の関係性が進むという保証はありません。関連があることと、因果関係があることとは異なるのです。

さて、カップル二〇五組を対象として、ダークな性格と関係性の満足度とのあいだの関連を検討した研究があります[92]。調査対象者のうち、既婚のカップルが約三割、交際中のカップルが約七割でした。年齢は一八歳から五六歳で、交際期間は一年間から二二年間、平均は約六年間です。カップルの両者が、自分自身やパートナー、そして両者の関係性についてアンケートに回答しています。

分析結果から、まずダーク・トライアドについては、本人の認識とパートナーが抱く印象が、ある程度一致する傾向が見られています。この中で、報告がより不一致になるカップルほど、関係の満足度が低下することが示されました。また、各自のダークな性格が顕著になるほど関係の満足度は低くなること、パートナーのダークな性格が高まることも関係を悪化させる要因になることも示されています。加えて、サイコパシーとナルシシズムに関しては、カップルの男女間でレベルが大きく異なるほど、関係の満足度が低下する傾向も見られました。さらに、男性側よりも女性側のダークな性格のレベルが、関係の悪さに影響するという傾向も報告されています。

非常に複雑な結果ですが、単にダークな性格が高くなれば関係が悪くなりやすいというだけでなく、関係性や満足度について考える場合には、カップル両者の性格の組み合わせも考える必要がありそうです。

第4章

ダークな人物の内面はどうなっているのか

1　ダークな性格の心理特性

ダークな性格の持ち主は、心理面や感情面でどのような特徴をもつのでしょうか。この章では、ダークな性格と他の心理特性との関連や、自分自身のとらえ方、行動の背景にある心理的な機能との関連について見ていきましょう。

†性格の構造

心理学という学問の中では、性格を扱う分野だけでも、さまざまな研究の歴史があります。すでに説明したように、ダークな性格に含まれるそれぞれの性格特性も、それぞれが独自の研究の流れをもちます。これら多くの研究の中で、ひとつの大きな潮流が、ビッグ・ファイブ・パーソナリティへと向かう一連の研究です。

第一章でも触れましたが、一九三六年、アメリカのハーバード大学の性格心理学者オールポートと、ダートマス大学のオドバートは、辞書から性格用語を抜き出す研究をしました[93]。ちなみに彼らが使用した辞書は一九二五年当時の版で、四〇万項目が収録されていたようです。[94] 辞書から単語を抽出する際には、ある人の行動を別の人の行動と区別することができるかどうか、つまりその言葉がある人と別の人とを区別する目的で使用できるかどうかという観点から行われました。

彼らは見出した単語を、次の四つに分類しました。

・本当の意味での性格用語……時間や場所を超えて安定した心理的な特徴
・現在行われている一時的な活動や精神状態を表す用語……喜んだ、取り乱したなど
・価値や評価を表す用語……取るに足らない、価値あるなど
・その他の雑多な用語（見た目や能力を表す単語など）

このうち、本当の意味での性格用語は四五〇四単語が分類されました。つまり、性格を表す言葉の最大個数は、四〇〇〇を超えるくらい存在すると考えられるのです。

その後、心理学者たちは、これらの単語を整理しようと試みました。しかし、これだけ多くの単語を、どのように整理したらよいのでしょうか。

まずは、手作業です。これらの単語の中には、時代の変化によってほとんど用いられていない単語や難解な単語、特定の分野や場面だけで用いられている単語が含まれていますので、そのような単語を取り除きます。また、リストの中には、ほぼ同じ意味を持つ単語

や正反対の単語が含まれています。ほぼ同じ意味を持つ二つの単語は、片方の単語が自分にあてはまれば、もう片方の単語も自然に自分に当てはまることになります。

たとえば「活発な」と「活動的な」という二つの単語は、ある人に片方の単語があてはまれば、ほぼもう片方の単語にもあてはまると言えるでしょう。また反意語となるペアの単語は、片方の単語が自分にあてはまれば、もう片方の単語はほとんどあてはまらないと考えられます。「活発な」と「不活発な」というペアが一つの例です。これらの単語を整理することで、検討するべき単語の数を減らしていくことが可能になります。

さらに単語を整理するために、統計的な手法が用いられました。自分や他の人を表現する際には、似たような単語についてはまったく同じではないにしても、似たような用いられ方をするものです。「活発な」と「友人が多い」という二つの単語は、同一人物の特徴を表現する際に、必ず同時に用いられる表現ではありません。

しかし、活発な人物はどちらかというと友人が多い傾向があります。すると、自分や周囲の人を評価するときに、「活発な」と「友人が多い」の得点は類似する傾向が見られます。そこで、整理された単語のリストを用いて、多くの人々に自分自身や周囲の人を評価してもらい、データとして整理していきます。そのデータを統計的に解析することで、単語のまとまりを見出していくことが可能になるのです。

オールポートたちの研究の後、このような研究が繰り返し行われるようになっていきました。

さらにここで、コンピュータの発展がこのような研究を後押ししていきます。ところで、もともと「コンピュータ」というのは、企業や事務所や大学に雇われた人々の職業名だったということをご存じでしょうか。[95] 一八世紀半ば以降、多くの女性が計算係として、職業としての「コンピュータ」に従事していました。米国映画『ドリーム』でも、一九六〇年代にNASAに計算係として勤務した黒人系女性たちが、感動的に描かれています。多くの計算係が活躍した時代を経て、二〇世紀の後半になると、次第にコンピュータは機械式（電子式）に置き換わっていきました。現在でも「AIの発展によってなくなる職業」とか「一〇年後になくなる職業」が話題になることがありますが、「コンピュータ」も科学技術の発展によってなくなった職業の一つなのです。

さらに、初期の機械式コンピュータは、あまり大きなデータを一度に扱うことができませんでした。しかし科学技術の発展によって処理スピードがどんどん速くなり、メモリ容量が大型化していきました。コンピュータの発展によって、心理学の研究領域でも多くの単語、多くの人々から集めたデータを、複雑な統計手法を用いて一気に分析することができるようになっていったのです。

一九六〇年代から初期の報告はあるのですが、コンピュータの発展とともに八〇年代から九〇年代にかけて、辞書から見出された単語をおおよそ五つのまとまりに整理することができるのではないかという研究知見がくり返し報告されるようになっていきました。それが、ビッグ・ファイブ・パーソナリティと呼ばれる枠組みです。

†ビッグ・ファイブ・パーソナリティ

私たち一人ひとりを区別するすべての単語を整理することで見出されたビッグ・ファイブ・パーソナリティは、人間のあらゆる方向性の個性を表現します。その五つの性格特性は、つぎのような内容です。

第一に、外向性です。外向性（対内向性）の研究の歴史は古く、二〇世紀はじめ頃にはすでに外向性と内向性について論じられている文献が存在します[96]。特に、精神分析家のユングは、外向と内向を基本的な二つのタイプとして捉えたことで知られています。自分の精神エネルギーを自分の外界に向けて自分以外に価値を見出そうとする特徴を持つ人を外向タイプ、自分の精神エネルギーを主に自分自身に向け、価値を自分の中に見出そうとする特徴を持つ人を内向タイプとしました[97]。

二〇世紀前半には「向性検査」と呼ばれる、外向タイプあるいは内向タイプのいずれかになるかを判定する心理検査も数多く開発されます。近年多くの人が知ることになったMBTI（Myers-Briggs Type Indicator）も、外向と内向をタイプでとらえています。

しかしその後の研究の中で、外向性と内向性を両極とする軸の中でどのあたりに個人が位置づくのかを問題とする特性論が主流となっていきます。向性検査についても統計的な分析が行われることで、それまで外向的とひとまとめにされていた内容の中に、多様な意味が含まれていることが明らかにされます。

外向性はより純粋な意味内容をもつ外向性になり、そこから別の性格要因が独立して見出されるようになっていったのです。この類型論から特性論への移行と研究の展開によって、外向性（内向性）の意味は少しずつ変わってきました。外向性の中心的な意味は、自分の外部にある報酬を得ることで快感情を抱くことです。外向性が高い人は、活動的で活発、友人数が多く初対面の人とも気軽に会話をすることができ、笑顔が多く、リーダーシップを発揮し、強い刺激を求める傾向があります。

第二に、神経症傾向や情緒不安定性と呼ばれる特性です。この特性は逆方向を指して、情緒安定性と呼ばれることもあります。神経症傾向は、抑うつや不安、怒りや敵意など感情の不安定さを特徴とする性格特性です。神経症傾向が高い人は日常生活の中でのストレスに弱く、些細なことに過剰に反応しがちな特徴を示します。しかし、この性格特性を強く持つことは、悪いことばかりではありません。たとえば、次の日のテストに向けて勉強を進めているときに、神経症傾向が高い人のほうが不安を覚えやすいかもしれないのです。もしもその不安にうまく対処してもう一度、テストの範囲を見直す行動を進めるのであれば、よい結果につながるかもしれません。

第三に、開放性です。「開放性」という言葉を聞くと、人間関係が開放的だというイメージを抱くかもしれません。しかし、この性格特性は人間関係の側面というよりも、物事のとらえ方の特徴を意味するものです。開放性というのは、新しい経験に開かれていることを意味します。今までに味わったことがないもの、考えたこともない考え方、知らなかった知識、初めて目にするもの、こういった体験を受け入れる傾向です。開放性が高い人は、美術館や博物館を訪れることを楽しみ、幅広いジャンルの本や映画に興味を抱き、異文化や異なる人生を歩んできた人々に関心を向ける傾向があります。

第四に、勤勉性（誠実性）です。これは目標を設定すること、計画的に課題をこなすこと、物事を最後まで実行することといった行動の特徴を意味します。勤勉性の中心的な特徴は、自分の欲求や衝動をうまくコントロールしたり抑制したりする、自己コントロールや自己制御と呼ばれる傾向です。目標を達成する過程の中で、やりたいこと、惑わされること、注意を奪われる対象が数多く存在します。手許にスマートフォンがあれば、つねに通知が来て注意を奪われてしまいます。そのようなときにも、どのように集中するかは、現代の私たちにとって重要な能力でありスキルです。勤勉性の高さは、今の世の中だからこそ好ましい性格特性だと評価されていると言えるでしょう。

第五に、協調性（調和性）です。この性格特性は、一口で言うと「やさしさ」という言葉で表現することが適切です。協調性は、自分自身の利益よりもほかの人々の利益や幸福を優先する傾向を表します。他者の立場に立って物事を判断し、ほかの人の意見を聞き入れ、ほかの人を信用し、目の前の人の気持ちに寄り添うという特徴をもちます。協調性の高さは、円滑な人間関係につながる、社会にとって重要な性格特性です。しかしその反面、人を信用しすぎることは、時にだまされたり金銭的な不利益につながったり、仕事上の競争場面で好ましくない結果につながることもあり得ます。一見よさそうな性格特性であっても、よい結果が得られるかどうかは時と場合によるのです。

さてこれらの中で、どの性格特性がダークな性格ともっとも関連を示すのでしょうか。

これまでの研究の中でくり返し見出されてきたのは、ダークな性格と協調性とのあいだのマイナスの関連です。[98]つまり、ダークな性格の高さは、協調性の低さを基本的な特徴とするというわけです。

協調性の低さは、周囲に対する攻撃性の高さ、敵意を向けやすい傾向、他者を信用することができず、自分の利益を優先し、ほかの人への配慮や共感に欠ける傾向を特徴とします。これらの特徴は、まさにダークな性格の特徴の一部を表していると言えるのではないでしょうか。ダークな性格は、人間の性格全体を表現する中にも組み込まれている、根本的な特徴の一つだと言えるのです。

2　HEXACOモデルの登場

†六番目のH因子とは何か？

二〇世紀終わりに出現してきたビッグ・ファイブ・パーソナリティに対し、二一世紀はじめに登場したのがＨＥＸＡＣＯ（ヘキサコ）モデルと呼ばれる性格の枠組みです。[99] 一九九〇年代、カナダのオンタリオ州にあるウェスタン大学の大学院生だったアシュトンとリーは、韓国語の性格用語を整理することで、ビッグ・ファイブ・パーソナリティが見出されるかどうかを、心理学の研究の中で多くの変数を統計的にまとめていくときによく用いられる因子分析という統計手法を用いて検討していました。

　すると、ビッグ・ファイブ・パーソナリティの五つの性格特性に加えて、もう一つの解釈できそうな因子を見出したのです。それは、誠実さ、率直さ、正直さ、控えめといった単語と、その逆方向を意味する狡猾さ、計算高さ、偽善、尊大、うぬぼれといった単語のまとまりでした。アシュトンとリーは、この第六番目の因子が韓国語以外でも見られるのかどうかを調べ始めます。複数の単語リストについて統計的な分析を進めていった結果、やはり英語でも六つの因子を見出したのでした。ちなみに、七つ目の因子を見出そうともしたそうなのですが、その試みはうまくいかなかったようです。

　アシュトンとリーは、彼らが見出した独自の因子を正直さ・謙虚さ（Honesty-Humility の頭文字をとってＨ因子）と名づけました。そして、六つの性格特性のまとまりを、Ｈ因子、情緒性（Emotionality）、外向性（Extraversion）、協調性（Agreeableness）、勤勉性（Conscientiousness)、経験への開放性(Openness to experience)それぞれから一文字ずつとって、HEXACOモデルと名づけました。英語でhexagonは六角形、hexa-は六つ揃った何かを意味します。HEXACOモデルという名前は、六つの性格特性が集まった状態にぴったりです。この命名のオシャレさもあったのか、彼らが発表したHEXACOモデルは、瞬く間に世界中で知られるようになっていったのです。研究を行う際にも、ネーミングセンスは重要だということです。

さて、ダークな性格とHEXACOモデルとの関連を検討すると、明確にH因子とマイナスの関連をすることが示されます。加えて、やはりHEXACOモデルでも協調性が、ダークな性格とマイナスの関連を示します。ビッグ・ファイブ・パーソナリティよりも、HEXACOモデルのほうが、ダークな性格の特徴をよく捉えて表現していることになります。

H因子の低さは、どのような具体的な行動を特徴とするのでしょうか。たとえば、他人に媚びへつらって、あたかも相手に好意があるかのようにわざとふるまう行動です。自分から下手に出て相手に気に入られようとするのですが、それは本心ではなく、相手を自分のために利用しようとするたくらみが背後にあるのです。また、自分の利益のためにルールを曲げることを平気でしがちだという特徴もあります。加えて、高価な品物やお金に執着するという特徴や、特別な地位や権威を得ることを期待するという傾向も見られると言われています。

H因子は協調性とも混同されやすい面があります。H因子の高さも協調性の高さも、ほかの人びとに対して協力的な態度を示す傾向があります。しかし、H因子の高さは人間関係の中で相手への敬意や素直さ、共有される暗黙のルールを守って相手に危害を加えない傾向を意味する一方で、協調性の高さは相手の気持ちを尊重して相手が嫌な気持ちになることを避け協力的になることを意味します。

H因子の低さは、相手に気づかれないように狡猾に相手を利用しようと試みることにつながるのに対し、協調性の低さは攻撃的でとげとげしい態度となって表れます。このように、H因子が低い場合と協調性が低い場合では、人間関係にネガティブな影響を与える点は同じなのですが、その方向性が異なってくるのです。ダークな性格は、これら両面に関連する特徴を持っています。

実はHEXACOモデルは、ダークな性格特性の研究の増加とともに広がった印象があります。二一世紀になり、ダークな側面に研究者たちが注目し始めるタイミングでちょうど、アシュトンとリーがこの性格特性を見つけ出したとも言えそうです。

†心理学の歴史の中の「気質」

心理学の歴史の中で、「パーソナリティ」「人格」「性格」「気質」といった用語の区別は、なかなかややこしい経緯をたどっています。細かく考えると微妙にニュアンスは異なるのですが、内容的には、「人格」「性格」は英単語の「パーソナリティ（personality）」と同じような意味で用いられ、文脈によって「人格」と訳されたり、「性格」と訳されたり、カタカナで「パーソナリティ」と訳されたりします。英単語の「キャラクター（character）」については、倫理的、道徳的に望ましい個人差を指す場合が多く、日本語だと「人格」のほうがニュアンスに近いのではないかと思われます。

このような用語の中でも、「気質」は明らかにニュアンスが異なります。この言葉は英語の「temperament」の訳語として用いられます。心理学の歴史の中で「気質」という言葉は、おおよそ二つの意味で用いられてきました。

一つは、乳幼児期に見られる心理学的・生物学的な個人差です。まだ言葉をうまく使うことができない子どもたちの個人差についても、多くの研究が行われています。言葉を用いてアンケートに回答することができるのは小学校に入ってからくらいの年齢だと考えられますが、それ以前の子どもたちの個人差は「気質」と表現されます。

もう一つ、生物学的な要因に強く規定される心理学的な個人差のことを「気質」と表現する場面があります。ただし、この仮定を確認することも簡単ではありません。あくまでも理論的に「この心理特性は生物学的、遺伝的に強く規定されるだろう」と推測される場合に、気質という表現が用いられます。加えて、乳幼児期に見られ研究されている「気質」と同じと考えられる心理特性を、もっと成長したあとに適用する場合にも、気質という表現を用いることがあります。

気質の理論や研究も、さまざまなものがあります。その中で、子どもだけでなく大人にも適用できる気質として、イギリスの心理学者であり脳神経科学者であるグレイが提唱した、ＢＩＳ／ＢＡＳ（ビス・バス）と呼ばれる枠組みがあります。[100]

グレイは、外向性と神経症傾向の組み合わせから、より脳神経科学的な働きの個人差に適切な組み合わせを考案します。それは、不安と衝動性という二つの心理的な機能に対応する組み合わせです。不安の背景には行動抑制系（ＢＩＳ）、衝動性の背景には行動賦活系（ＢＡＳ）という動機づけシステムがそれぞれ仮定されます。この二つをあわせてＢＩ

Ｓ／ＢＡＳと呼ばれているというわけです。行動抑制系は罰に対して敏感に反応する傾向を表し、行動賦活系は報酬に敏感に反応する傾向を意味しています。

なおグレイの理論の中では、脅威に対する反応として、闘争－逃走－凍結システム（Fight-Flight-Freeze System: FFFS）も仮定されます。いきなり目の前に危機が迫るとき、私たちは戦うか（闘争）、逃げるか（逃走）、固まるか（凍結）いずれかの反応をしてしまうものです。英語の Fight-Flight-Freeze に対して、闘争－逃走－凍結をあてるというのは本当にうまい訳だと感心します。ただし、研究の中でＦＦＦＳとＢＩＳの区別を行うことはやや難しいことから、ＦＦＦＳはＢＩＳの中に含められる形で研究が進められています。

さて、ＢＩＳ／ＢＡＳとダークな性格との関連も検討されています[101]。全体的に、ダークな性格はＢＩＳとマイナスの関連、ＢＡＳとプラスの関連を示していました。ダークな性格の高さは、罰に対する感受性の低さと、報酬に対する感受性の高さに関連するようです。この結果は、ダークな性格の持ち主の抑制の少なさや大胆さ、衝動性の高さが反映する結果だと言えるのではないでしょうか。

ただし、マキャベリアニズムについては、ＢＩＳとのマイナスの関連も、ＢＡＳとのプラスの関連も、関連の程度が小さいという結果も報告されています。マキャベリアニズムの特徴が現れる計画的で策略を練ったりする場面では、衝動的に行動することは裏目に出てしまう可能性もありますので、この結果は納得がいく部分もありそうです。

3　ダークな性格と自尊感情

†「自己肯定感」でなく、自尊感情

世の中では一般的には、「自己肯定感」という言葉が使われる場面が増えている印象があります。しかし心理学の研究では、ほぼ同じような意味を表す概念として自尊感情(self-esteem)という言葉がよく使われます。

自尊感情は、自分自身を評価の対象とした際に、どれくらい肯定的に感じられるのかを意味します。「私は〇〇である」というように、自分がどのような人間であるのかを、自分で認識した内容のことを自己概念といいます。自分のことを考えるときには「こうありたい」という理想の自分自身の姿もありますが、これを理想自己と呼びます。自尊感情の高さは、理想自己と現実自己のあいだのギャップが少ないことも意味しています。理想自己と現実自己とのあいだに大きなズレが生じていると、自尊感情が低くなるというわけで

す。

ダークなパーソナリティの中では、ナルシシズムが自尊感情とプラスの関連を示します。ただし、その関連の大きさは相関係数で0・30程度と、決して高いものではありません。[102] 自分自身に高い価値を置くナルシシズムの高さは、高い自尊感情を予想させます。しかし、ナルシシズムは部分的に自尊感情と重なるのですが、完全に重なるものというわけではないのです。

†ダークな性格と自尊感情の不安定さ

ナルシシズムと自尊感情との関連を考えると、自尊感情は高ければよいのか、という問題が浮かんできます。これまでの研究の中でも、自尊感情は高いだけでは不十分だという話が展開してきました。

たとえば、自尊感情の安定性という観点があります。[103] 二週間のあいだ、毎晩、自尊感情のアンケートに答えます。一日の中で良い出来事が多ければ自尊感情は高くなり、悪い出来事が多ければ自尊感情は低いことでしょう。しかし、その程度は個人によって異なります。良い出来事があっても悪い出来事があっても、あまり自尊感情が変動しない人もいれば、ちょっとした出来事を経験するだけで大きく上下動する人もいます。この、出来事に伴う変動の大きさそのものを比較するというわけです。

自尊感情が高い人々の中にも、より安定度が高い人々と、より不安定な人々が混在しています。安定した高い自尊感情をもつ人は、環境や状況にあまり左右されず自分の評価を高く保つことができます。一方で、不安定で高い自尊感情の持ち主は、自分の高い自尊感情をいかに高く保つかということを常に気にして、対処し続けなければいけません。

すると、自分が望ましい状態であるのか、他者よりも勝っているのかなど、日々の生活の中で「望ましい自分」であることを探し続け、自分の評価が低くならないようにせわしなく気をつかい動き回ったり、自分の評価が下がってしまうのではないかと常にビクビクしながら生活したりすることを強いられます。

まさに、ダークな性格の中でもナルシシズムの高さは、高くて不安定な自尊感情に関連するのではないかと指摘されてきました。明確な証拠があるわけではないのですが、ナルシシズムが高い人物は、自尊感情の高さとともに、特に日常生活の中で達成に失敗するような出来事に強く反応することが見出されています。[104] ナルシスティックな人物は、自分がうまく成果を残すことができないと、強く自尊感情が低下してしまうようです。

†潜在的自尊感情

潜在的自尊感情という自尊感情の側面もあります。[105]「潜在的」というのは、自分でも気づかない、意識化されていないという意味です。「無意識」という言葉は、歴史的に心理学と関係しつつも少しややこしい関係性のある、フロイトが創始した精神分析学の用語です。

心理学でも、「意識化されない」心理的なプロセスを研究対象とすることはあり、その場合には「潜在的」「非意識的」など、無意識という言葉を避けた表現の言い回しを用いることがあります。この表現は、精神分析学で扱われるような力動的な無意識ではないという表現上の区別です。あくまでも意識的にとらえることが難しい、あるいは注意を向けないと意識化されないような心理的プロセスを扱うという意味で、このような表現を用いています。

たとえば潜在連合テストという潜在的自尊感情の測定方法は、「自分」に関連する言葉とポジティブ語の結びつき、「他者」に関連する言葉とネガティブ語の結びつきの程度によって測定されます。自分とポジティブ語、他者とネガティブ語の結びつきを調べるテスト結果と、自分とネガティブ語、他者とポジティブ語の結びつきを調べるテスト結果の差を算出することで、潜在的自尊感情の高さが測定されます。

潜在連合テストは、トランプをできるだけ速く分類する課題をイメージすると分かりやすいと思います。まず、トランプを十分にシャッフルします。そして、できるだけ速く、カードを左右に分類します。まずは左側に「ハート（♡）」あるいは「ダイヤ（◇）」、右側に「スペード（♠）」または「クローバー（♣）」を分けていきます。分け終わったら、もう一度カードを集めてシャッフルします。そして次は、左側に「ハート（♡）」あるいは「クローバー（♣）」を、右側に「スペード（♠）」あるいは「ダイヤ（◇）」となるようにできるだけ速く分類します。

この二つの分類方法を実際に試してみると実感できると思うのですが、最初の分類課題のように、「ハート」と「ダイヤ」つまり赤色と、「スペード」と「クローバー」つまり黒色のカードを集めるように分類するときは、あまり苦労しません。しかし一方で、片方に「ハート」と「クローバー」、もう片方に「スペード」と「ダイヤ」という形で異なる色の組み合わせで分類しようとすると戸惑いが多く、認知的な作業の負荷が大きくなり、分け終わるまでにずいぶん時間がかかってしまいます。

このように、同じものや近いものだと認識しているものをまとめる作業には時間がかからず、異なるものや遠いものだと認識しているものをまとめる作業には時間がかかります。しかも、トランプの色の組み合わせの分類課題のように、意識してもスピードをコントロールすることは難しいのです。このスピードの「差」を使って、潜在的自尊感情を測定するのが潜在連合テストです。

自分とポジティブなイメージが強く結びついている人であれば、「自分」と「ポジティブ語」、「他者」と「ネガティブ語」のまとまりに分類するときには、よりスピードが速くなります。そして、「自分」と「ネガティブ語」、「他者」と「ポジティブ語」のまとまりに分類するときには、大きくスピードが低下してしまいます。この「差」が大きいことは、潜在的な自尊感情が高い人だと考えられるのです。

潜在的自尊感情は、他の方法で測定できることも知られています。たとえば、アルファベット一つひとつについて、どの程度好きか嫌いかを評価します。潜在的自尊感情が高い人は、自分の名前（特にイニシャル）に使われるアルファベットを自然と好む傾向があるそうです。これを「ネームレター課題」といいます。日本語の場合には、ひらがなやカタカナを使っても同じような測定ができそうです。

また、数字の好みを評価する方法もあります。数字を並べて、それぞれについてどれくらい好きかを回答します。潜在的自尊感情が高い人は、自分の誕生日の数字をより好む傾向があるそうです。これを「誕生日数字課題」といいます。

さて、自分自身を意識して心理尺度を評価するのが通常の自尊感情で、研究論文の中でも普通に「自尊感情」と記述されます。一方で、潜在的自尊感情と対比させるときにはあえてこれを顕在的自尊感情と呼びます。では、意識的な側面である顕在的自尊感情と、意識しないうちに自分自身を好む傾向である潜在的自尊感情の側面との組み合わせから、どのようなことが考えられるでしょうか。

顕在的自尊感情が高い個人であっても潜在的自尊感情が低いと、両者に大きなギャップが生じることになります。暗黙の側面である潜在的自尊感情の低さは、本人が意図的に高めようとしても対応しにくく、どうしようもない部分です。しかし、そのような人物であっても、自尊感情が低いよりは高い方が望ましい状態なのであり、自尊感情を高めたいという欲求が失われることはありません。ですから、何らかの形で自尊感情を高めようと試みます。

しかし自分の潜在的自尊感情には直接的にアプローチすることが困難なことから、それを補う形で、意識することができる顕在的な自尊感情を高めようとします。ただし潜在的自尊感情が低い人の顕在的自尊感情が高くなったとしても、それはどこか取り繕ったような、表面的ですぐに崩れてしまうような自尊感情である可能性が高くなります。そして、この組み合わせを持つ人は、一見自信があるようにみえても、本人も自覚しにくい部分で不安や脆弱さを抱いていると考えられます。

ダークな性格との関連では、ナルシシズムの高さが顕在的自尊感情の高さと潜在的自尊感情の低さという、自尊感情両面のギャップの大きさと関連することが報告されています[106]。潜在的自尊感情の低さと顕在的自尊感情の高さは、先ほど説明した安定性の観点からすると、高くて不安定な自尊感情と共通します。やはり、自尊感情が高くても安定させることができていない人は、物事がうまくいっているあいだは高い自尊感情を維持することができるのですが、生活の中で何か問題が起きたときには一気に自分の価値を感じられなくなってしまう可能性があります。自尊感情のこの状態を安定したものにするのは、一筋縄ではいかなさそうです。

なお、ナルシシズム以外のダークな性格については、自尊感情とのあいだの関連は不明瞭です。関連がないという報告もありますが、どちらかというと低いネガティブな関連が報告される傾向があります。マキャベリアニズムやサイコパシー、サディズムが高い人たちの中には、自尊感情が高い人も低い人も存在するのですが、やや自尊感情が低めの人が多いと言えそうです。

4　ダークな性格の持ち主は、自己概念が明確でないのか

†自己概念の明確さ

自尊感情が低い人びとは、自分自身がどのような人物であるのかという認識である自己概念が不明瞭ではないかと指摘されています[107]。

自尊感情が高い人に比べて低い人たちは、あるときに自分自身を特定の言葉で表現したとしても、時間をおいてふたたび表現する際には、自分を表現する内容が大きく揺らぐことが知られています。また、「自分がどのような人物か」を表現する際には、自尊感情が低い人たちは時間がかかる傾向があるとも言われています。このように、自尊感情が低い人びとの自己概念は、不明瞭で確信度が低く、時間や場所を超えて不安定で、一貫しない特徴があると言われているのです[108]。

このような研究から、自己概念の明確性という概念が提唱されました。[109] 自己概念が明確な人は、自分の中に相反する矛盾を抱いておらず、自分が時と場合によってころころと変わったりせず、自分がどのような人物であるかをはっきりと自覚しており、自分のことは自分がいちばんよくわかっていると感じています。そして、自己概念が明確な人は不安や抑うつを抱かず、情緒的に安定しており、まじめな性格の持ち主であることも多いようです。また、自己概念の明確性は、青年期の自己やアイデンティティの発達とも密接な関係があるとされています。

これまでの研究によると、どうもダークな性格の持ち主は、自己概念の明確性に欠ける傾向があるようです。[110] マキャベリアニズムもナルシシズムもサイコパシーも、自分自身をあまり多様な言葉で明確に記述しない傾向があり、自分がどのような人物であるかを曖昧にしか捉えていないようです。加えて、研究の中ではダークな性格の持ち主が、自分自身を「活発な」「親切な」「明るい」など、時間を超えて安定した性格用語で表現するのではなく、「疲れた」「興奮した」など一時的な状態を表す言葉で表現する傾向にあることも示されています。

ダークな性格の持ち主が、自分自身のことをあまり明確に捉えていないという結果は、なかなか興味深い特徴です。しかし、多くの作品でも描かれるように、私たちは破滅的で不明瞭で、危うい雰囲気を持つ人物に惹かれることがあります。ダークな性格の持ち主が、一面で魅力的な人物に映る一つの理由として、自己概念の明確性に欠けるような、妖しく不思議で深遠な雰囲気があるのかもしれません。[111]

†オンラインでの自分の出し方

世界的にはSNSの中でもFacebookユーザーが非常に多いのですが、日本では様相が少し異なります。日本では、LINEの利用者が多く、次いでX（旧Twitter）、Instagram、そしてFacebookという利用者数の順番です。[112] 特に若い世代はFacebookをあまり使っていない印象があります。その一つの理由は、Facebookがオープンかつ実名での登録が基本となっている点にあるのではないでしょうか。

日本では、実名でのSNSの登録は敬遠されます。私のような研究者の場合には、論文も書籍も実名で発表されますし、活動そのものが実名で行われることが多く、私自身もSNSが普及する当時から当然のように実名で登録してきました。しかし一方で、実名での登録はリスクを伴うのも確かです。

デジタル情報がオンライン上に残されることで世界中に公開され、将来の自分にとって不利益な情報が残り続けてしまうことを、デジタル・タトゥーと言います[113]。一般的に「黒歴史」と呼ばれるものに近いのではないでしょうか。一度オンライン上に公開された情報は、たとえ元の情報を消したとしても、キャッシュ上に自動的に保存されていたり、特定の状態でウェブサイトを記録するウェブ魚拓サービスなどに残されたりしてしまい、いつまでも残り続けます。

また誰かが、自分のデバイスに保存したスクリーンショットや画像などを再度SNSに投稿することで、投稿者本人が投稿を消去したとしても、いつまでもインターネット上に情報が漂い続けてしまうことになります。投稿者が情報を隠蔽しようとすると、その行為が反感を買い、ますます情報の拡散を招いてしまうこともあります。

このようなことが起きる可能性があるオンラインの世界では、いかに自分の情報をコントロールしていくかが重要なポイントとなります。では、自己概念が不明瞭で自分自身がどのような人物であるかの認識が不確かなダークな性格の持ち主は、オンライン上でどのように自分を表現していく傾向があるのでしょうか。

オーストラリアの研究者ニチンスクらが行った研究では、オンライン上での自分自身の表現の仕方について、三つのパターンに分けています。[114]第一に、オンライン上では場面場面に応じて自分自身の姿を異なるように見せていく、「適応的自己呈示」です。これは、あるSNS上ではおとなしくふるまい、別のアカウントでは辛口なコメントを投稿するなど、うまく使い分ける自分自身の出し方です。このパターンでは、オフラインとオンラインとの間のギャップが大きく、オンライン上ではほかの人からどのように見られるかを意識し、見せ方や印象の与え方を工夫する傾向が見られます。

第二に、「真の自己呈示」です。これは、オンライン上では常に自分自身を正直に出していくというパターンです。この自己呈示をする人は、オフラインの日常の自分自身と、オンライン上の自分自身との間にギャップが少なく、真の自分自身の姿がオンライン上でも表現されていると感じています。

そして第三に、オンライン上では自分自身をより簡単に、自由に表現できると考える、「自由な自己呈示」です。この自己呈示をもつ人は、より積極的かつ気軽に自分のあるべき姿をオンライン上で表現できると考えています。

さて、ダークな性格とこれらの自己呈示との間の関連を検討すると、いくつかのパターンが見えてきました。マキャベリアニズム、ナルシシズム、サイコパシーのいずれも、オンライン上で自分を変えながら見せていく、適応的自己呈示と比較的強い関連を示しました。一方で、特にマキャベリアニズムとサイコパシーは、オフラインとオンラインのギャップが少ない真の自己呈示を「しない」傾向が見られています。

その一方でナルシシズムは、真の自分自身を見せようとする方向性をもつようです。そして、マキャベリアニズムは、オンライン上で積極的に自分の姿を誇張する、自由な自己呈示にも関連し、ナルシシズムは逆に誇張しない方向の自己呈示に関連していました。

全体的に、ダークな性格の中でもマキャベリアニズムが高い人は、オンライン上で自分がほかの人からどのように見られるのかを強く意識しており、自分の姿を適切に変えながら印象を操作する傾向にあることが示されています。一方でサイコパシーは、オフラインとオンラインとでは自分の見せ方を変えていきますが、そこまで積極的に自己表現をするわけではなさそうです。ナルシシズムが高い人は、オンライン上の場面場面で自分の姿を変えていきますが、どちらかというと実際の自分を見せようとする傾向が強いようです。

どうも、ダークな性格の持ち主は、オンライン上で自分がどのように見られるのかをしっかりと把握し、うまく自分を変化させる傾向があるようです。

✝自分の姿をモニタリングする

アメリカの社会心理学者スナイダーが一九七〇年代に提唱した概念に、セルフ・モニタリングがあります。[115] セルフ・モニタリングは、状況に合わせて自分の行動をモニターしてうまくコントロールすることを意味します。

セルフ・モニタリングが高い人は、状況や場面に適切な方法で自分自身をどのように表現するかを観察し、何が適切な行動なのかを敏感に察知し、自分の行動を適切に調整します。スナイダーは、カメレオンが皮膚の色を周囲にあわせて変えるように、状況に合わせて自分をうまく調整するというニュアンスから、セルフ・モニタリングの高い人のことを「カメレオン人間」と表現しています。このように適切に自分の行動をコントロールすることができる人は、社会的状況に応じて自分の行動を変化させることができますので、多くの場面で成功する可能性を高めると考えられます。

一方で、セルフ・モニタリングが低い人は、場面によらず自分の考えや思いをそのまま表出する傾向があります。スナイダーによれば、「いつでも、どこでも、だれに対しても、私は変わらない」という考えが、セルフ・モニタリングが低い人の特徴ということです。このような人は、正直な人物と評価されれば周囲の人から受け入れられやすいでしょう。

しかし、自分の感情や考えをそのまま表出することは、時に他者との間に軋轢を生みやすくなる一面もあります。

ダークな性格の持ち主は、どのようなセルフ・モニタリングをもつ傾向があるのでしょうか。カナダやポーランドの研究者グループが両者の関連を検討しています。[116] その結果、ダークな性格は、セルフ・モニタリング傾向とプラスの関連を示すことが報告されています。特に、サイコパシーとナルシシズムは、自己モニタリングと比較的強い関連を示していました。ダークな性格の持ち主が、オンライン上でどのような姿を見せるかを変えていくのも、セルフ・モニタリングの高さに由来しているのかもしれません。

なおスナイダーは、自身の著書『カメレオン人間の性格――セルフ・モニタリングの心理学』（川島書店・一九九八年）の中で、セルフ・モニタリングとマキャベリアニズムの違いについて触れています。セルフ・モニタリングは、自分の行動を周囲の期待に合わせることで、周囲とうまくやっていこうとする調節的な対人関係のことを指します。一方でマキャベリアニズムは他者を利用しますので、自分の目的や目標に周囲の人々を合わせようと試みる、同化的な対人関係につながります。

セルフ・モニタリングもマキャベリアニズムも、自分と周囲との間をつないで結びつけていくという共通する志向性をもつのですが、厳密に見ていくと、どちらがどちらの方向に近づけていくのかという方向性が異なっているようです。

5　共感性とダークな性格

†「認知的共感性」と「情動的共感性」

ほかの人のことを思いやり、寄り添い、理解しようとする心の働きのことを、共感性と言います。もちろん、共感性は人間関係において不可欠の能力なのですが、私たち自身の心の働きとしても、重要な側面です。

共感性には、二つの側面があります。一つは、ほかの人の表情や言動から、その人がどのような気持ちになっているのか、どのような感情を抱いているのかを推測して認識することです。これを、「認知的共感性」といいます。もう一つは、ほかの人の感情を自分のものであるかのように受け入れて、自分でも同じように感じることです。こちらの共感性は、「情動的共感性」といいます。

ダーク・トライアドと二つの共感性との関連を検討した研究が行われています。[117] マキャベリアニズム、ナルシシズム、サイコパシーのいずれも、相手の気持ちに寄り添う情動的共感性の低さに関連していました。一方で、サイコパシーについては関連が見られなかったものの、マキャベリアニズムとナルシシズムについては、認知的共感性とプラスの関連を示しました。認知的共感性の高さは、目の前にいる相手がいま何を考えているのか、何を感じているのかをうまく認識することにつながります。

マキャベリアニズムやナルシシズムが高い人物は、相手が何を感じているのかを認識することで、相手をうまく操り、自分の利益のために相手を利用しやすくなるとも考えられます。一方で、サイコパシーの高い人びとは、認知的共感性にあまり頼らず、強引に相手に働きかけるような戦略をとる傾向があるのかもしれません。

†ダークな性格と抑うつ・不安

ダークな性格のうち特にマキャベリアニズムやサイコパシーが高い人は、抑うつ傾向も高い傾向があるようです[118]。さらに、抑うつだけでなく不安についても、ダークな性格との関連が報告されています[119]。なお、抑うつと不安は、どちらも気分の落ち込みや意欲や動機づけや集中力の低下、睡眠の乱れ、食欲不振や過食、ひどい疲れを感じるなどのネガティブな症状を伴います。

しかし抑うつは、実際に良くない出来事を体験したり喪失を経験したりすることによってネガティブな症状が生じるのに対して、不安は具体的な出来事というよりもこれから起きるかもしれない未知の出来事や脅威を感じることによってネガティブな症状が生じるという点で異なります。抑うつと不安は、お互いに似ているのですが、何に対してネガティブさを抱いているのかが異なっているのです。

さて、ダークな性格が抑うつや不安に関連するという研究結果は、意外に思うかもしれません。しかし、ここまで見てきたように、ダークな性格の持ち主は自分自身のイメージが不明瞭で、周囲に合わせて自分の姿を変えていくような一面を持ち合わせています。自分自身が周囲からどのように見られているのかに意識を向け、自分の思うように人々の印象をうまく操作しようとします。

しかし、現実の生活の中では、ダークな性格の持ち主が望むような印象操作が必ずしもうまくいくとは限りません。いくら狡猾に自分の印象を変えようとしても、また周囲の人々を自分の望むように認識してもらおうとしても、自分がイメージするように立ちふるまおうとしても、どこかでその試みは破綻する可能性を秘めています。

このような状況を、ダークな性格の持ち主たちが認識しないわけではないのです。むしろ、周囲の状況や自分自身がおかれた状況をよく観察する傾向があるのですから、自分の試みがうまくいかないという可能性についても、実際に試みが失敗していることも、認識するのではないでしょうか。これが、彼らの抑うつや不安をかき立てる要因になっているのかもしれないのです。

もちろん、ずっとうまく立ちふるまい、そのまま社会生活を営んでいるダークな性格の持ち主はいることでしょう。しかし現実の生活を考えたときには、破綻の危険性が大きな戦略でもあるのです。

†過敏なダーク・トライアド

ナルシシズムについて説明した際に、他の人の評価を過剰に気にしてビクビクするような、過敏型とか過剰警戒型、解離型あるいは脆弱性などと呼ばれるようなタイプが指摘されていることに触れました。実はナルシシズムだけでなく、マキャベリアニズムやサイコパシーについても、過敏な側面の存在が指摘されているのです。

アメリカの性格心理学者ミラーたちは、傷つきやすく過敏なダーク・トライアドについて検討しています。[120]

一つ目は先に説明した、過敏型のナルシシズムです。この側面は、他者からの評価に対して敏感で、崩れやすくも過剰な自己肯定感をもつことが特徴です。自分がほかの人よりもすぐれているはずだという確信は抱いているのです。しかしその一方で、常にその評価が崩れてしまうのではないか、ほかの人から非難されるのではないか、否定されるのではないかという疑心暗鬼に囚われています。そして、少しでもほかの人から否定的な反応をされたと認識すると、その人に対して必要以上に強く反発し、強く非難するなどの攻撃的な態度をとります。

二つ目は、二次性サイコパシーと呼ばれる、サイコパシーの一側面です。この側面は、測定されたサイコパシーの内容を因子分析によって統計的に分類した際に見出されたものです。この因子分析では、一つ目の因子に嘘をつくことや罪悪感の欠如など、サイコパシーの対人関係面が含まれ、二つ目の因子には衝動性や飽きっぽさ、計画性の欠如、退屈の感じやすさや問題行動など、社会的な逸脱の側面が含まれていました。

この二つ目の因子である二次性サイコパシーは、優しさや真面目さに欠けており、内向的で、情緒的に不安定な傾向を特徴としています。一次性サイコパシーが恐れを知らないタイプなのに対し、二次性サイコパシーは不安が強く衝動的で、社会的に問題が生じる可能性がある行動も、後先考えずについ行ってしまうタイプです。

三つ目の側面は、境界性パーソナリティ（ボーダーライン）と呼ばれるものです。これは、対人関係、自己像、感情の不安定さを特徴とする性格特性です。誰かと親密な関係を築きたいと思いながらも、ほかの人から見捨てられるのではないかという不安が強く、人間関係が不安定です。あるときはほかの人にひどく依存したかと思うと、周囲の人を自分の思うようにコントロールしようと試みることもあります。

基本的に自分自身のイメージが不安定で、ほかの人からの評価や業績、成果によって大きく揺れ動く傾向があります。感情の起伏も大きく、怒りや悲しみ、絶望、不安など、大きな気分の変動を繰り返します。衝動的な行動も特徴的で、無謀な行動や衝動的な買い物、不適切な性交渉や薬物使用、自殺を試みることなど、多岐にわたる無茶な行動を特徴とします。

境界性パーソナリティは、マキャベリアニズムのようにほかの人を自分の思うように動かそうとする特徴があるのですが、全体的にはあまりに不安定で激しいイメージが伴います。そして実は、境界性パーソナリティは、過敏なナルシシズムや二次性サイコパシーと密接な関係を示すことが知られているのです。

通常のダーク・トライアドと過敏なダーク・トライアドは、共通した特徴についての裏表を表しています。ただし、通常のダーク・トライアドと過敏なダーク・トライアドとのあいだを、個人がコロコロと揺れ動くのかというと、そういうわけでもなさそうです。両者は、同じような人間関係のパターンを示しつつも、背後にある行動原理や社会への対処のしかたが異なるパターンをもつのです。

通常のダーク・トライアドも、過敏なダーク・トライアドも、現代の社会の中で自分のやり方を通していこうとするとうまくいかないことが多いと言えます。通常のダーク・トライアドの持ち主はそのうまくいかなさを他者のせいにして攻撃的になり、周囲から孤立していく可能性があります。過敏なダーク・トライアドの持ち主の場合、自身のふるまいがうまくいかない場合には、自分自身に攻撃が向かうことで、結果的に社会から退却しがちです。

†孤立すると何が起きるのか

ダークな性格の持ち主が社会から孤立すると、何が起きるのでしょうか。

たとえば、ネット荒らしの研究があります。[121] ネット荒らしというのは、インターネット・トローリングと呼ばれることもある、ネット上で行われるいやがらせ行為のことです。ちなみに「トロール」というのは、北欧の神話に出てくる架空の巨人のことです。トロールは小説や映画など多くの作品にも登場しています。二〇二二年のノルウェー映画『トロール』では、人間の開発によって山奥で深い眠りから目覚めたトロールが騒動を巻き起こします。児童書だと、やぎが橋を渡るときにトロールに遭遇する『三びきのやぎのがらがらどん』がよく知られています。小説や映画『ハリー・ポッターと賢者の石』にもトロールが登場し、ホグワーツの校舎の中でハリーたちと戦います。

この北欧神話に出てくるいたずら好きのトロールから、船を走らせながらルアーで魚を釣る手法であるトローリングという言葉にも派生していきました。そして、いたずらという意味やほかの利用者を「釣る」行為として、ネット上で行われるものについてはインターネット・トローリングという俗語として定着していきます。

インターネット・トローリング（ネット荒らし）には、次のような行動が含まれます。[122] たとえば、個人が投稿した記事のコメント欄やニュースのコメント欄で投稿者を困らせようと意図した書き込みを行うことです。また、誰かを困らせることや誰かが嫌がることを意図した投稿を、SNS上で行うことも当てはまります。誰かの投稿に対して、反論できないような内容の反対意見を次々に投稿して溜飲を下げる行為も、ネット荒らしにつながることがあります。ほかにも、ネット上で人々が不愉快な気分になることをイメージしつつ、あえて気分を害するようなウェブページに誘導する行為も当てはまります。

全体的に、悪意を伴ってネット上で人々に働きかける行為が、ネット荒らしだと言えます。

さて、研究結果によると、ダークな性格の持ち主は、孤独感を感じたときに、インターネット上での荒らし行為をしがちのようです。ダークな性格を高くもっていたとしても、孤独感が低い場合には、ダークな性格が低い人と同程度の荒らし行為をするだけでした。ダークな性格の持ち主たちが現実の人間関係でうまくいかず、孤立したり孤独感を抱いたりしたときに、インターネット上でほかの人を困らせるような行為に走ってしまうようです。ダークな性格の持ち主にとって、ネット荒らしは現実世界の代わりとなる攻撃行為の一つだと考えられるのです。

裏を返せば、社会の中で孤立しないような関係性を築いている限りにおいては、ダークな性格の持ち主はインターネット上で荒らし行為をしないかもしれないのです。ダークな性格の持ち主に攻撃的な行動を起こさせないようにするためには、彼らが満足する人間関係を維持することが重要です。

もしも彼らが周囲からの支援を十分に受けることができるような立場にあれば、たとえば高い社会的地位にあるとか、周囲にとてもサポーティブな人々がいる状況であれば、それほど攻撃的な態度をとることはないかもしれません。しかし一方で、そもそもダークな性格の持ち主たちは、その対人関係上の特徴から社会の中で孤立しがちだという一面もあります。このあたりが、ダークな性格につきまとう問題になりそうです。

第5章 ダークな性格は遺伝するのか

1　性格は、遺伝か環境か

性格が遺伝するのか、という問題は、多くの人々が気になる点ではないでしょうか。ダークな性格についても同様です。どれくらい遺伝の影響を受けるのでしょうか、それとも、育ちで決まるものなのでしょうか。また、ダークな性格は成長とともに高まっていくのでしょうか、低くなっていくのでしょうか。

このあたりの問題についても、これまでに研究で扱われています。

†優生学の広がり

性格が遺伝で決まるのか、それとも環境で決まるのかという問題は、古くから扱われてきた研究での大問題です。そしてこの問題は、優良な遺伝形質を残すことで人間集団の質的向上を目指そうとする、優生学の歴史と切り離すことはできません。さらにいえば、心理学の歴史も優生学と密接な関係を持ってきました。

心理学の中で優生学と明確に結びついた概念の代表は、知能でした。二〇世紀のはじめにフランスでビネが初期の知能検査を開発した頃、すでに優生学の考え方は広く社会に広がっていました。[123]アメリカのインディアナ州で優生断種法が州議会を通過したのは一九〇七年のことです。その後、アメリカの三〇以上の州が同様の法を制定していきました。これらの法律では、犯罪者や知的な遅れがある者、てんかん、強姦者、大酒飲み、麻薬中毒患者、梅毒患者、性的倒錯者などに対して、強制的に断種つまり子どもを生むことができなくする手術を行うことができるようになっていました。

日本でも一九四〇年に国民優生法、第二次大戦後の一九四八年には優生保護法が定められ、強制的な優生手術が行われています。日本で優生保護法が廃止されたのは、一九九六年のことでした。

優生学が広まる中で、学者たちは知能検査に注目するようになっていきました。特に、知能検査によって知能指数（ＩＱ）という数値が算出できるようになると、多くの優生学に基礎をおく研究者たちがこの検査を利用して研究を進めるようになります。

†心理学における、環境への注目

一方で心理学では、遺伝ではなく環境がすべてを決めていくというアプローチが優勢になっていきます。一つの流れは、精神分析学です。二〇世紀に入る頃、ジグムント・フロイトが精神分析学という新しい学問を創始します。人間には無意識の領域があり、私たちの行動は無意識に大きく影響を受けるという仮定から成り立ちます。

その後の精神分析学の発展の中で、無意識の領域であるエス、意識的な主体である自我、エスと自我をまたぐ形での内在化された規範を意味する超自我という構造など、多くの理論へと発展していきます。精神分析学で重視されるのは、生まれてからの幼少期の親子関係などの経験であって、遺伝的な要因ではありません。幼少期に受けた問題が無意識の領域に内在化され、成長後に問題となって現れてくることを想定します。この意味で、きわめて遺伝的ではなく環境主義的な理論だと言えるのではないでしょうか。

もう一つの流れは、行動主義心理学です。アメリカの行動主義心理学者ワトソンが、コロンビア大学で行った講義や初期の論文で行動主義という考え方を世に出したのは一九一二年のことです[124]。彼はそれ以前の心理学の主流であった、意識的経験を報告する内観を中心とした心理学から脱し、動物を研究するときと同じように、観察可能な行動だけを研究対象とするべきだと主張しました。

行動主義もその後、さまざまな理論へと派生していきます。スキナーの徹底的行動主義では、観察可能な行動だけでなく、意識や認知についても行動主義的な研究が可能であることを示し、この考え方は行動分析学という、いわば精神分析学とは対極に位置するような学問へと展開していきます。しかし基本的には、行動主義においても、行動の原因として重視されるのは遺伝ではなく環境です。

ワトソン流の行動主義における性格というのは、長期にわたる実際の観察によって把握される人の諸行動の総和だとされます。性格は習慣が体系化された結果であり、生まれながらに初期値が与えられるようなものとは考えられていません。生まれたときには個人差はほとんど存在せず、生まれてからの経験の中で学習が行われ、習慣が形成されることでまた環境への対応の仕方が個々人で少しずつ変わっていきます。その蓄積が性格のような個人差となって現れるという考え方です[125]。

ワトソンは著書の中で、次のように書いています。「私に一ダースの健康な乳児と、彼らを育てるための特殊な世界を与えたまえ。そうすれば私はランダムにその中の一人を取り上げ、彼の才能、好み、性癖、能力、適性、祖先の家系に関係なく、私が選んだ専門家――医師、法律家、芸術家、社長、そうだ、乞食や泥棒さえ――に、きっとさせてみせよう[126]」。この一節は、環境によってすべてをコントロールすることができるという心理学者の傲慢な考えの反映であるかのように引用されることもあります。しかし、当時世の中を席巻していた優生学を念頭に置いていたとすると、その「当たり前」に対する挑戦を表すような一節にも思えてきます。

再び遺伝への注目

二〇世紀後半になると、行動主義に基づく心理学と精神分析学の考え方が世の中に広まっていきます。そして、子どもが思うように育たないのは適切ではない親の育て方のせいであると考えるのが当たり前であり、生まれながらの要因は過小評価されていました。

一九五〇年代、ニューヨークで心理学者トーマスとチェスによる研究プロジェクトが始まりました。この研究では八五家族一三三人の子どもたちが対象となり、初回の調査は生後三カ月未満、その後二〇歳を超えるまで追跡調査が行われています。この研究プロジェクトは、子どもたちの気質パターンについて重要な研究知見を報告しているのですが、報告された結果は、その気質のパターンが必ずしもすべてが環境要因によって形成されるわけではないことも示唆しているのです。

どのような両親のもとにも一定の確率で、生後間もなくから生活リズムが不規則で、刺激に対して強く反応し、新しい環境の変化に適応するのに時間がかかる、親にとっては非常に育てにくい気質をもつ子どもが生まれます。最初の子どもが育てにくい子どもになるかもしれませんし、一人目は育てやすいのに次の子どもが育てにくい子どもであるかもしれません。おおよそ10％は、このような子どもが生まれるとされています。そして研究によると、この育てにくい気質が判明する前の親には、何も特徴的な育て方や子どもへの対応の仕方が観察されるわけではなかったのです。

当時、育てにくい気質の子どもを授かった親たちは、「子どもの問題は親の子育てにある」という精神分析学的な思想を信じていました。わが子の育てにくさに直面したとき、その親たちは自分の子育てのどこが間違っていたのだろうと落ちこみ、大きなストレスを抱いていたそうです。しかし、研究結果は、親の育て方が育てにくい気質の子どもをつくり上げることを指し示してはいませんでした。むしろ、「この子育ての方法だからこうなる」ではなく、親は子どもの状態や特性に合わせるようなかたちで、子育てをするものではないでしょうか。

世の中の考え方は、次第に環境だけで決まるわけではない、という方向へと揺れ動いていきます。

二〇世紀半ばになると、行動遺伝学と呼ばれる学問領域が少しずつ発展していきます。これは、行動を扱ってきた心理学と、遺伝を扱ってきた遺伝学とのあいだの学際的な領域に生まれて発展してきた学問です。[127]

2 性格特性は連続的なものである

†性格特性の遺伝とは

行動遺伝学の研究知見が蓄積するにつれて、世の中では「知能の何％が遺伝で決まる」「性格の何％は遺伝」という話が広まることになりました。テレビやネットの記事などで、皆さんも目にすることでしょう。しかし、行動遺伝学の研究知見を理解するために、いくつか押さえておかなければいけない基礎的な知識があります。

まず前提となるのは、「はじめに」でも触れたように、ほとんどの心理的な特徴は「ある」「ない」というカテゴリではなく、連続的に表現されるという点です。「外向的」か「内向的」かのいずれかだけではなく、世の中にはとても外向的な人からとても内向的な人までが存在しています。そして多くの人は、極端に外向的でも、極端に内向的でもない、中間的な特徴を示すのです。

そして、このような現象を説明するときには、一つの遺伝子が一つの心理特性を決定するという考え方ではうまくいきません。一つの連続的な心理特性には、とても多くの遺伝子が影響していると考えるのです。性格を外向的な方向に進めるように影響する遺伝子は非常に数多く存在しており、その遺伝子を多く持つ人ほど、より外向的な性格となるのです。これを、ポリジーン遺伝モデルと言います。

ちなみに、連続的な量を表す代表的な値に、身長があります。身長の遺伝子を特定する試みも二一世紀に入ってから行われるようになりました[128]。初期の研究では、身長に関連する四〇個の遺伝子が見つかりましたが、これらを合わせても身長のバラツキの5%しか説明できませんでした。その後、身長に影響する遺伝子がどんどん見つかっていきます。

二〇一八年には七〇万人のデータから、三三〇〇個の遺伝子が見つかります。しかしまだ、身長のバラツキの25%しか説明することはできませんでした。さらにその後、身長に関連する可能性がある一万個近い遺伝子が見つかっていますが、やはり個々人の身長の違いの40%程度を説明することしかできません。このように、身長についても一つひとつの遺伝子の影響力はとても小さいものであり、非常に多くの遺伝子が身長に関連することで、身長の遺伝状態が成り立っていくのです。

これだけ多くの遺伝子が身長に関係するわけですが、そもそも、一つひとつの遺伝子は「身長を高める・低める」という役割だけをもつのではありません。

これはあくまでも仮想的な例なのですが、ある遺伝子を考えてみましょう。その遺伝子をもつと、ほんの少しだけ脚の大腿骨が長くなります。すると、その遺伝子をもつかもたないかは「身長の高さ」に影響を与えることになります。大腿骨の長さは、身長の構成要素だからです。しかし同時に、その遺伝子をもてば大腿骨が伸びるわけですから、大腿骨の重みが増し、結果的に「体重の重さ」にも影響を与えます。

また、別の見方をすれば、大腿骨が長くなるということは足が長くなるわけですから、「足の速さ」にも影響するでしょう。それに、足が長くなるわけですから「外見のスタイルのよさ」にも影響するとも予想されます。あるいは観点を変えれば、この遺伝子は「バスケットボールに有利」とか「バレーボールに有利」という結果にも影響することになってくるのです。このように、ある遺伝子はあること「だけ」に影響するとはかぎりません。その遺伝子をどのように解釈するかは、私たちの観点に依存するのです。

この考え方は、心理学的な特性にも応用することが可能です。たとえば知能という概念を考えるとき、単純に「知能指数が高いほどよい」と考えてしまいがちです。ここで、先ほどの架空の遺伝子のように、「どのような観点からそう言えるのか」を考えてみることには価値があります。知能指数が高い人は低い人に比べて、学業成績が良好であり[129]、中年期における身体的な健康度も高い傾向があり[130]、さらには将来の死亡率の低さにもつながる可能性があります[131]。

しかし、知能指数はダークな性格にはほとんど関連しませんし[132]、ビッグ・ファイブ・パーソナリティとの関係では安定して開放性との間にはプラスの関連を示しますが、他の相関は非常に低い値です[133]。知能指数が高くても、あまり人生の幸福や満足感や、自分自身を肯定する程度には関連しなさそうです。「知能は高い方がよい」というとらえ方は、どのような観点から行っているのかを考えてみるとよいでしょう。

これは、ダークな性格についても同じです。どのような観点から「ダークな性格は望ましくない」と言えるのかを考えていくことが重要です。

†親から子にどれくらい伝わるのか

行動遺伝学の結果を知ると、「親から子に知能や性格の何％が伝わる」と考えてしまう人がいます。しかし、このような単純な考え方は、正しくありません。

行動遺伝学の研究結果として示される「遺伝率」は、ある特性について観察される人々のあいだのバラツキに対して、遺伝の影響力がどれくらいあるのかという数値です。

ふたたび身長を使って説明してみましょう。

身長の遺伝率は、「80％」くらいだと言われています。この言葉を聞くと、人々の多くは「親の身長が子どもに八割伝わる」とか「親と子の身長は80％の確率で同じになる」といったように、誤って解釈してしまいがちなのですが、この一節を読んで、実際にそのように考えた方も多いのではないでしょうか。

親と子の身長の関連については、わざわざ遺伝のことを考えるまでもありません。実際に、親の身長と子どもの身長を測定して、相関がどれくらいなのかを検討してみればよいのです。実際に、八歳から九歳の子どもたちと両親の身長を四〇〇組以上集めて検討した研究があります[134]。

その結果によると、親の身長と子どもの身長とのあいだの相関係数は０・４７という値でした。この数値を二乗すると、説明率を意味します。実際に二乗してみると、０・２２という値です。これは、「親の身長の情報を手に入れると、子どもの身長の約22％を説明できる」ということを意味しています。「身長は八割が遺伝で決まる」という話と、数字にずいぶん大きなズレがあると感じるのではないでしょうか。

論文の中に報告されている数字を応用すると、次のようなことが言えます。

父親の身長が一七〇cmで母親の身長が一五八cmという、おおよそ日本人成人の平均身長と同じだったとしましょう。このカップルに女の子が生まれたとして、成人したとします。すると、その子の身長は、一五八cmを中心に、おおよそ一四八cmから一六八cmくらいまでのバリエーションをもつ可能性があるのです。さらに確率は低くなりますが、偶然、もっと高い、あるいは低い身長になることもあり得ます。

実際、妻と私のもとに生まれた長子は、明らかにこの研究から推測される身長の範囲から外れて、高い身長に育ちました。両親の身長から22％が予測されるというのは、これくらいの広いばらつきを意味するということがイメージできるのではないでしょうか。

さて、では、「身長の八割は遺伝で決まる」というのは、どのような意味なのでしょうか。まず、親から子に伝わるのは「身長」ではなく「遺伝子」です。そして、先に説明したように、身長に影響する可能性がある遺伝子が約一万個あるとしましょう。父親と母親からこの一万個の遺伝子がすべて子どもに伝わるわけではありません。子どもに伝わるのは、父親から半分、母親から半分の遺伝子です。親の遺伝子を半分にしないと子どもの遺伝子が親の倍の量になってしまいます。すると、世代を経ていくうちに細胞が破裂してしまうことでしょう。

ただし、どの遺伝子が子どもに伝わるのかは、簡単には予測できません。たまたま生まれた子どもに背を高くする遺伝子が少ないかもしれませんし、とても多いかもしれません。父親がつくる多くの精子と母親がつくる多くの卵子のうちどれとどれとが結びつくかで、遺伝的な身長の高さには大きなバラツキが生じる可能性があるのです。

もしも同じ両親から二〇人、三〇人と同じ性別の子どもが生まれるのであれば、子どもたちの身長はどこかを中心に正規分布を描くようにばらつくことでしょう。もちろん、両親とも非常に背が高ければ、平均的に子どもの身長も高くなることは期待されます。しかし、それはあくまでも確率の問題であって、確実な予測ではありません。

†集団と個別ケース

さて、知能も性格特性も、身長に比べるとずっと両親と子どもとの相関係数は小さな値になります。たとえば親の知能指数と子どもの知能指数との間の相関係数は0・3程度と、身長の親子間の関連よりも小さいのです。[135] 性格特性に関しては、おそらく知能よりも小さな値をとることでしょう。このように考えると、もちろん当てずっぽうよりはましな予測をすることはできますし、大きな集団の中で確率の偏りを考えていくことには意味があるのですが、ある一人の子どもについて「親が賢いから」「親がこういう性格だから」と推測していくことは、あまり正しいとらえ方ではありません。

私がよく取り上げる例ではあるのですが、ここでも宝くじを例に出してみましょう。

サマージャンボや年末ジャンボ宝くじは、二〇〇〇万分の一という確率で一等が出ます。これは、くじに書かれた組と番号から確認することができます。二〇〇〇万分の一というのは、とてつもなく低い確率です。このような低い確率で当選するものにお金を支払うことは、確率的に考えれば非常にばかばかしい行為だとも言えてしまいます。おそらく、私が明日、通勤途中で交通事故に遭う確率の方が、はるかに高いのではないでしょうか。

しかし一方で、毎年、年末ジャンボ宝くじの一等は二〇本前後あることになっています。これは、二〇〇〇万枚のセット（ユニット）をそれくらい用意して売り出すからです。少なめに見積もっても、毎年の年末と夏のジャンボ宝くじで数十人が、一等を手にすると考えられます。このように書くと、宝くじは当たるような気がしてきます。

確率的に物事をとらえることと、個別のケースで物事をとらえることとの間のイメージの違いが、ここに反映しています。宝くじは確率で考えれば非常に低い確率なのですが、個別ケースで考えるとそうは思えません。むしろ、ジャンボ宝くじ以外にも宝くじは数多く販売されており、これだけ毎年当たる人がいるのですから「知り合いが当たった」「いとこが当たった」という話を耳にしてもおかしくはありません。

この例は、確率的な問題は確率的な問題で、個別ケースの問題はそれぞれで議論することの重要性を示しています。これは視点をどこに置くかという問題でもあります。政治家や大企業の経営者が、俯瞰した観点から大きな集団について問題とするときには、確率的な考え方が向いています。しかし、自分の子どもについて考えるとき、目の前の人物について考えるときには、確率的な判断ももちろん役には立ちますが、必ずしもそれだけで判断することはできないと認識すべきです。なぜなら、目の前の人は宝くじを当てた人であるかもしれないからです。

遺伝と環境の話を考えるときにも、この観点は重要です。遺伝率も環境の影響力も、そこで表される数値は「平均」であり、それは「あなたがどうか」「私がどうか」を考えるときにそのまま当てはまるとは限らないのです。

3　性格に与える環境の影響

†環境と言ったとき、何をイメージするか

ここまでは、遺伝の話をしてきましたが、もちろん遺伝だけで性格が形成されるわけではありません。遺伝的な初期値に対して、環境が影響を与えていきます。

一口に「環境」といっても、人生を通してさまざまな環境が次々と私たちの周りに現れます。これも、さきほどの遺伝子と同じように考えてみてはどうでしょうか。たとえば、小学生のころのある日、これまで話をしたこともないクラスメイトと初めて会話を交わしたとします。この日のこの出来事という「環境」そのものが、私たちの知能や外向性やダークな性格に決定的な影響を及ぼすようなことがあるかというと、それは考えにくいでしょう。しかし、もしかしたらこの瞬間の出来事は、外向性をほんの少し、誰にもわからないくらい少しだけ押し上げるかもしれません。この体験が毎日続けば、少しずつ外向性は押し上げられていくかもしれないのです。

同じ「環境」という言葉を使いながら、ときに話が嚙み合わないことがあるのは、人に

よって何をイメージしているのかがずいぶん異なるからではないかと思うことがあります。「環境」は、細かい単位で微視的に捉えることもできますし、大きな単位で巨視的に捉えることも可能です。ある日のある時間にどこにいる、という環境の捉え方もあれば、「厳しい態度で子育てをする」という数年、数十年にわたる継続的な「環境」の捉え方もあるのです。

しかし、比較的、時間や場所を超えて安定した心理的な特徴に影響を及ぼす「環境」のことを考えるときには、インパクトと継続性という二つの側面を想定する必要がありそうです。転校や、学校を卒業して就職すること、海外に留学すること、転職すること、結婚や離婚をすること、子どもが生まれること、仕事をリタイヤすることなど、人生の中でも大きな出来事は、性格を変化させる可能性があります[136]。このような人生の中での重要な出来事は、生活をする環境を大きく変化させるインパクトを持ちます。加えて、その変化が比較的長期間にわたって持続する可能性も大きなものです。

性格のような心理的な特徴は、一回二回の授業やセミナーで永続的に変化することをあまり期待できません。それらがきっかけとなり、生活そのものに大きな変化が生じることで、心理面でも変化が期待できます。大学生に対して一五週間、特定の性格特性が変化するように生活習慣を徐々に変化させていく実験が行われています[137]。最初は、初対面の人と笑顔で挨拶をするという段階から、徐々に行動の強度を高めていきます。次第に、友人と一緒に食事に行ったり、パーティに参加して見知らぬ人とも会話をする段階へと進んでいき、最後は人々が集まるイベントを企画したり、自分と趣味が共通する人々を集めるイベントを企画するという段階にまで至ります。

毎週目標を定め、課題をクリアしていくことで、外向的な行動を積み重ねていくのです。すると、熱心に課題に取り組んだ学生たちは、実際に外向性の得点が上昇していく可能性があるのです。まさに、食習慣や運動習慣を変えていくことで、身体的な改造が成功するのと同じイメージです。

図②に表されているように、Aさんは遺伝的により外向的で、Bさんは遺伝的により内向的な状態になります。そこに、環境が影響を与えていきます。両者が育ち、長期間接する環境が大きく異なれば、次第にAさんとBさんの外向性の程度は逆転する可能性もあるのです。これは、体重について考えたときに、遺伝的に決まる部分と食習慣や運動習慣で変動する部分の両方があることを想像してみれば、理解できるのではないでしょうか。

ただし、このあたりの話はさらに複雑になります。「環境」というのは、本人の特徴と

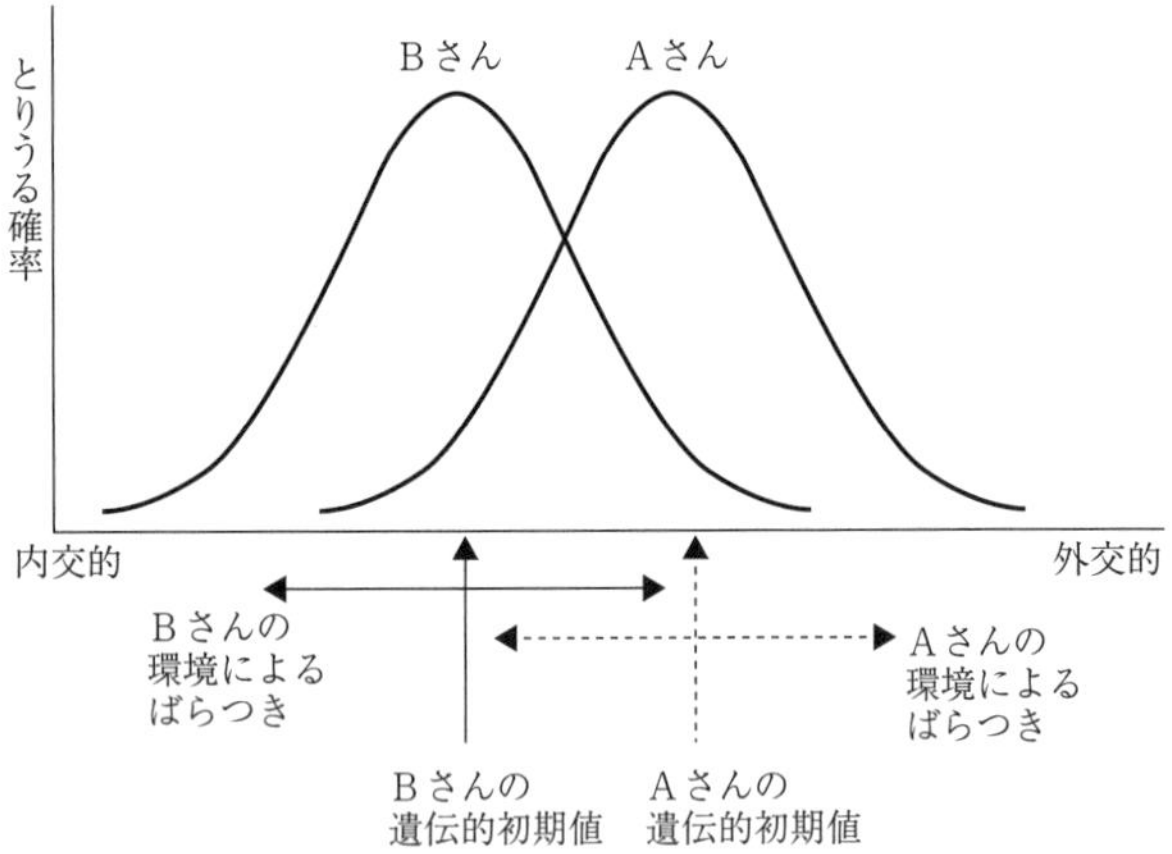

図②　遺伝と環境の組み合わせ[138]

無関係に、外から与えられるだけのものばかりではありません。それぞれの人は、人生の中で自分が居心地がよい場所へと移動していくものです。自分が何かに向いていると思えば、その場所に居続けようと思いますし、「何か違う」と思えば別の場所へと移動していきます。これは、自分自身の遺伝状態に合った環境を自分で選んでいくことも意味しています。つまり、遺伝と環境は完全に切り離されたものでもなく、自分が持つ遺伝的な特徴が環境を呼び寄せることもあり得るのです。

さらに、環境が整うことで、それまで表に出てこなかった遺伝的な特徴が表れてくる可能性もあります。本当は水泳を練習すればほかの人よりも速いスピードで習得できる遺伝的な素質を持っているのに、トレーニングの機会を逃していれば、その素質が開花することはありません。ここには、時代や文化や地域など、多くの要因も関係してきます。

たとえば、あるスポーツをすることに有利な遺伝的な素質を持っている人がいたとしても、現在その地域でスポーツがほとんど普及しておらず、似たような他のスポーツでそれなりにうまくいく、ということはあるでしょう。本当にぴったりなスポーツは別のところにあるのに、時代や文化や地域の要因のために、本当はもっているはずの本来の能力が発揮できない、ということがあるかもしれないのです。

ただし、おそらくほとんどの人の中で、このような状態が何度も繰り返されているのではないか、とも思います。自分がもつ素質が開花するような場面にうまく巡り合うことができれば、それはとてもラッキーなことです。しかし、それでも人生の中でそれなりにうまく対応しながら生きていく、というのも実際の姿ではないでしょうか。

†双子の研究でわかること

行動遺伝学の研究では、双子の類似性を分析の対象とします。

双子には一卵性双生児と二卵性双生児がいます。一卵性双生児の兄弟姉妹は、もともと一つの受精卵が分割して成長していますので、同じ遺伝情報をもっています。それに対して、二卵性双生児の兄弟姉妹は、二つの卵子に別々の精子が受精して成長していますので、遺伝の一致率は50％です。

つまり、細胞の核の中にある染色体のある場所に位置する遺伝子について、二卵性の兄弟姉妹で一致するかどうかの確率が、父親由来か母親由来かの半々になるということです。なお、父親と子ども、母親と子ども、自分と年の離れた兄弟姉妹も、遺伝の一致率は50％となります。二卵性の双子というのは、同時に生まれた兄弟姉妹なのです。ですから、二卵性の場合には男女のペアもあり得ます。

さて、一卵性双生児の兄弟姉妹と二卵性双生児の兄弟姉妹を比べると、身長も体重も学力も知能指数も、外向性も自尊感情も、そしてダークな性格の得点についても、ほとんどすべての測定された指標は、二卵性双生児よりも一卵性双生児のほうが、類似度が高くなります。一卵性双生児の兄弟姉妹のほうが、二卵性双生児の兄弟姉妹よりも、心理的な特徴についてもずっとよく似ているのです。

しかし、一卵性双生児の兄弟姉妹の類似度と、二卵性双生児の兄弟姉妹の類似度の差は、測定している指標によって異なります。一卵性双生児はずっと似ているのに二卵性ではあまり似ていないことが観察される指標とか、一卵性双生児のほうが似ているのですが二卵性双生児とあまり変わらないことが観察される指標とか、知能や学力や性格など分析の対象となる指標によって、さまざまなケースが存在するのです。

このような違いの背景に、遺伝と環境の影響力の違いが存在すると考えられます。たとえば、ほとんど遺伝の影響だけを受けるような指標の場合には、遺伝子の類似度の影響だけが兄弟姉妹の類似度に反映しますので、一卵性双生児の類似度はほぼ１００％、二卵性双生児の類似度はほぼ50％となります。

また、一卵性双生児の類似度と二卵性双生児の類似度があまり変わらないような指標の場合には、家庭環境が大きく影響している可能性があります。一卵性双生児も二卵生双生児も、兄弟姉妹は同じ家庭で育ちます。もしもその指標が遺伝の影響をあまり受けず、同じ家庭で育つことに大きく影響を受けるのであれば、一卵性でも二卵性でも兄弟姉妹が同じ家庭で育つことには変わりません。すると、一卵性双生児の兄弟姉妹の類似度と二卵性双生児の兄弟姉妹の類似度は、あまり変わらなくなると考えられるのです。このように、双子の兄弟姉妹を類似させる方向に影響する環境要因を、共有環境といいます。

さらに、一卵性双生児の類似度が１００％に届かず、二卵性双生児の類似度が50％に届かない場合も多々あります。このような場合には、兄弟姉妹それぞれに独自の環境要因が影響していると考えます。これは、一卵性双生児の兄弟姉妹であっても二卵性双生児の兄弟姉妹であっても、双子の兄弟姉妹を互いに似ない、異なる方向に進ませる環境です。このような環境要因を、非共有環境と言います。

これらのような仮定を考慮に入れた上で、一卵性双生児の兄弟姉妹と二卵性双生児の兄弟姉妹から得られたデータを統計的な解析にかけます。そして、遺伝の影響力と環境（共有環境と非共有環境）の影響力を推定していくのです。「知能の遺伝率は何％」という数値は、このような考え方のもとで推定された値です。

†ダークな性格の遺伝率

さて、前置きが長くなりました。ダークな性格の遺伝率は、どれくらいだと報告されているのでしょうか。カナダの心理学者ヴァーノンたちが行った研究があります[139]。調査の対象となったのは、七五組の一卵性双生児と六四組の同性の二卵性双生児です。年齢の範囲は一七歳から九二歳まで幅広く、平均年齢は四一歳でした。

測定されたダーク・トライアドについて、一卵性双生児の兄弟姉妹間の関連と二卵性双生児の兄弟姉妹間の相関係数を示してみましょう。相関係数は、マイナス1・0からプラス1・0までの値をとり、完全に一致する関係にある場合にはプラス1・0、完全に一致しない関係にある場合には0・0、完全に逆方向の関係にある場合にはマイナス1・0という値をとります。

ナルシシズム……一卵性0・52、二卵性0・33
マキャベリアニズム……一卵性0・68、二卵性0・57
サイコパシー……一卵性0・54、二卵性0・44

これらの数値を見ると、ダーク・トライアドのいずれの得点についても、二卵性双生児の兄弟姉妹よりも一卵性双生児の兄弟姉妹のほうが相関係数の値は高く、お互いに類似していることがわかります。

次に、遺伝、共有環境、非共有環境の影響力を推定していきます。

ナルシシズム……遺伝0・59、共有環境0・0、非共有環境0・41

マキャベリアニズム……遺伝０・３１、共有環境０・３９、非共有環境０・３０
サイコパシー……遺伝０・６４、共有環境０・０４、非共有環境０・３２

これらの数値は、それぞれのダークな性格の個人差に対して、遺伝、共有環境、非共有環境が何％説明できるかを表しています。たとえばナルシシズムの個人差に対しては遺伝が59％、非共有環境が41％の説明要因になっているということです。また、研究で扱われているサンプルサイズ（調査参加者数）も大きくはありませんので、細かい数値の違いはあまり考慮せず、おおよその値で考えるのがよいと思われます。

ナルシシズムとサイコパシーについては、六割前後の遺伝の説明率があります。一方でマキャベリアニズムは約三割と遺伝率が低くなっています。また、ナルシシズムとサイコパシーの個人差には共有環境の影響力がほとんど見られないのに対して、マキャベリアニズムは共有環境の影響が見られる点も特徴的です。

ちなみに、ビッグ・ファイブ・パーソナリティの五つの性格特性については、遺伝の影響力がおおよそ四割から六割の間、非共有環境の影響力もおおよそ四割から六割で、共有環境の影響力がほぼゼロであることが報告されています。このように見ると、マキャベリアニズムの個人差に対する共有環境の影響力は、特徴的です。

先ほども説明しましたが、ダークな性格について遺伝の影響力が三割とか六割というのは、親のダークな性格が子にそのまま伝わるパーセンテージではありません。しかし、遺伝がダークな性格に影響を与えることは確かだと言えます。

†育てられ方で差が出るのか

ダークな性格のうち、特にマキャベリアニズムの個人差については、共有環境の影響力が大きいことが示されました。しかし、ナルシシズムとサイコパシーについては、共有環境の影響力はほとんど認められません。

行動遺伝学では、共有環境というのは双子を類似させるように影響を与える環境要因であり、主に家庭環境のことだと解釈されています。しかし、共有環境の影響力がほとんどない、というのは、何を意味しているのでしょうか。

影響力がないというのは、関連がない状態だということです。両者に関連がない二つの得点というのは、片方の情報を手に入れたとしても、もう片方の情報を予測することができないことを意味します。ある人が国語と数学のテストを受けたとしましょう。もしも国語と数学の得点の間にプラスの高い関連があれば、国語のテスト得点が高い人は数学の得点も高いことが期待されます。しかし、両者の相関がゼロに近い場合には、国語の得点の情報を手に入れたとしても、数学の得点を予測することはほとんどできません。

さらに、関連と因果関係は異なります。世の中にある関連のほとんどは、因果関係ではないと言われるほどです。たとえ、国語と数学のテストの間に関連が認められたとしても、数学の能力が国語の能力に影響するとか、国語の能力が数学の能力に影響するという現象があるかどうかはわかりません。もちろん、部分的には生じる可能性はあります。たとえば、数学のテスト問題も言語で表現されますので言語的な能力が影響する可能性がありますし、国語の論理的な思考力に数学で用いられる思考力が影響する可能性もないわけではないでしょう。

しかし、勉強時間、塾に通っているかどうか、親の勉強に対するサポート、学校の教育内容など、国語と数学のテスト結果にともに影響する要因を数多く測定することも可能です。国語にも数学にも両方に影響する要因が多数存在するのであれば、双方に因果関係がなくても、国語と数学の得点は同時に上下する傾向が見られるのです。

話を戻しましょう。ナルシシズムやサイコパシーに対する共有環境の影響力がほとんど見られないというのは、親の特定の養育態度や家庭の中に存在する環境など、双子を類似させるような要因について、「この要因が備わっていればこうなる」という法則がほとんど成り立たないということを意味しています。つまり、たとえば「甘やかして育ったからナルシシズムが高まるのだろう」とか、「放任して育てたからサイコパシーが高まるのだろう」といった、「こういう要因があるからこうなる」と私たちがつい考えてしまいがちな「法則」が成立しない可能性が高いということなのです。

しかし、子育てにおける何らかの共通点がある可能性も報告されています。ジョナソンの研究によると、[140]愛情が薄かったり冷たかったりするなど親の養育の質が悪かったと報告することと、ダークな性格との関連が見られています。また別の研究ではイランでも、ダークな性格と親子関係の質との関連を検討する試みが行われています。[141]ダークな性格の中でも、特にマキャベリアニズムの高い人は、親との関係性の質が悪く、葛藤も多く感じており、愛情や深さに欠けるような関係をとる傾向にあることが報告されています。

双子の研究からは、マキャベリアニズムの形成に対して家庭環境の影響力が存在することが示唆されていました。ここに関しては、冷淡な親子関係や愛情の不足など、何らかの共通要因が存在する可能性があるかもしれません。

†予測不可能性はダークな性格を助長する

ダークな性格を助長する環境として注目されているのが、育つ環境の厳しさや予測不可能性です。[142]

環境の厳しさというのは、たとえば育ってきた地域の貧困や死亡率の高さ、犯罪発生率の高さといった問題、それから家庭そのものの貧困や支援の少なさなどのことです。

また、予測不可能性の例としては、家庭の中の混乱や混沌とした状況を挙げることができます。たとえば、家庭の中でつねに何かしら騒動が起きていて落ち着いた環境が続かないこと、必要な物をなかなか見つけられないほど家の中が散らかっていること、家の中でゆっくりとリラックスして過ごすことが難しい環境であること、家の中で静かに会話することが難しいほど騒がしい状況であることなどが、混沌とした予測不可能な状況の例です。研究の中で用いられる家庭の混乱度を測定する質問項目の中には、「私の家の中は、まるで動物園のようだ」という表現のものもあります。

そして、これらのような厳しく予測不可能な環境のもとで幼少期を過ごすことは、成長後のダークな性格の高さに関連するのです。ダークな性格は一定の範囲で遺伝からの影響を受けます。しかし、遺伝だけでダークな性格が形成されるわけではなさそうです。ここでポイントになるのは、先が読めない予測不可能性という環境の特徴です。

人類の長い歴史を考えてみれば、そのほとんどの時期はかなりの予測不可能性の中にあります。食糧が不足するかもしれませんし、突然怪我をすることもあります。病気や死が目前に迫ってくることもあるでしょう。現代の社会の中に生きている私たちは、それほど「死」を間近に見ることはないかもしれません。しかし、少し前の歴史を思い浮かべれば、死はとても身近だったはずです。

たとえば古くからある墓地に行くと、墓石に彫られた人の名前と年齢を見ることができます。私の実家近くの墓地でも、一歳や三歳で亡くなった人々の名前をたくさん目にしたことを思いだします。現在の私たちの感覚からすると、どうしてこんなに子どもたちが死んでしまうのだろう、と不思議に思えるかもしれません。

生後一年で死亡する比率のことを乳児死亡率と言います。人口動態調査によれば、一九二〇年の乳児死亡率は一〇〇〇人の出生のうち１６５・７だったのが、二〇二〇年ではたったの１・８という数値にまで減少しています。[143] すべての死亡に占める乳児の死亡の割合を見ても、一九二〇年は23・６％だったのが、二〇二〇年には０・１％という値にまで低下しています。[144]赤ちゃんが死ぬことは「当たり前」だった時代から、たった一〇〇年間で医療技術と生活水準が向上し、「ほとんど死なない」というレベルにまで低下していることがわかります。

世界が予測不可能性に満ちており、将来何が起きるかわからないような状況の中では、できるだけ他の人よりも速く多くの利益を得て生存していく必要に迫られます。このような状況の中で自分を有利な立場に導き適応的な結果を残すことにつながりうるのが、ダークな性格だと考えられるのです。

†ダークな性格と生活史戦略

何かの本や記事で、「(魚の)マンボウは三億個の卵を産むが、生き残るのはその中で二匹しかいない」と書かれていたような記憶があります。実際にはこの話は一〇〇年以上前に書かれた論文から脚色されており、あまりに多くの産卵数に対して少ししか生き残ることができないという点を強調されたもののようです。[145]

生物の中には、マンボウのように非常に数多くの卵や子どもを産んでその後は放っておき、育てることにはほとんど手をかけないタイプと、数少ない卵や子どもを産んで大きくなるまで手間をかけて育てるタイプがいるのは確かです。私たちも生物ですが、人間は数少ない子どもを産んで長い期間手間をかけて育てるパターンをもっています。

生物の生涯では、限られた環境の中の資源をいかに多く獲得し、いかに多くの子孫を残すかが生存のためのカギになります。限られた資源を、成長や自己保全、繁殖といった重要な活動にどのように配分していくかという戦略の観点から、それぞれの生物種や個体差について考えていく理論のことを、「生活史理論（ライフヒストリー理論）」と言います[146]。

生活史理論では、資源をどのように配分していくかというトレードオフに注目します。そして、それぞれの重要な活動に資源をどのように配分するかという観点から、ｒ戦略とＫ戦略という二種類の戦略を想定します。これらのパターンのことを、「生活史戦略」と言います。

短期的戦略とも呼ばれる「ｒ戦略」は、比較的小さな生物が多く、性的な成熟が早く、パートナーや子どもの数も多く、産まれた子どもたちにあまり投資をしない傾向があります。一方で長期的戦略とも呼ばれる「Ｋ戦略」は、ｒ戦略とは逆に、比較的大きな生物が多く、性的な成熟は遅めで、限られたパートナーとの間に少ない子どもをもうけ、子どもたちに大きな投資をして大切に育てていく傾向を示します。

これら二つの戦略は、生物に広く当てはめることができるのですが、人間の中でもばらつきがあり、個々人で異なる傾向が見られると考えられます。人間は他の生物に比べれば、明らかに遅い戦略をとっています。二〇歳になるまで、あるいはそれを過ぎても親や家族からの資源を受け取り、自分自身で資源を獲得することをしません。しかし、個々人に注目すると、多くの恋愛相手と関係を持ち、子育てをあまり重視しないｒ戦略の持ち主から、多くの資源を子どもに投入するＫ戦略の持ち主まで、同じ人間という比較的遅い戦略の中でも個人差が存在するのです。

生活史戦略の個人差を測定する心理尺度も開発されています。[147] 広く人間の生活の中で、生活史戦略に関連する特徴を抜き出して質問項目にしたものです。内容には利他主義、両親との関係、計画性、自己コントロール、家族や友人からの支援など、多岐にわたる領域が含まれています。

そして、生活史戦略を測定する尺度と、ダークな性格との関連も検討されています。そして研究から、ダークな性格の中でも特にサイコパシーとマキャベリアニズムは、ｒ戦略つまり速い生活史戦略に関連することが明らかになっています。[148]

ダークな性格の形成には、冷淡な親子関係や予測不可能な環境が密接に関連するということでした。まさに、戦略をとることは、両親の不和や貧困など、厳しく予測不可能な環境の中で育つことに関連すると言われているのです。

4 自分の中にダークな性格を見つけたら

†自分の中にダークさを見つけた脳科学者

アメリカの神経科学者ジェームス・ファロンは、著書『サイコパス・インサイド』（金剛出版、二〇一五年）の中で、自分自身の脳をスキャンした話を書いています[149]。

彼は、健常な人々の脳と犯罪者や精神疾患をもつ人々の脳を、ポジトロン断層法（PET）と呼ばれる手法を用いてスキャンし、画像化して比較していました。その中で、明らかにサイコパスとされる、サイコパシー傾向が強く、実際に何らかの社会的な問題を引き起こした経験をもつ人々には、明確な脳の特徴が見られることが明らかにされました。

彼が脳の画像を確認するときには、その画像が誰のものなのかを明かされていません。事前にその画像が猟奇殺人を犯した犯罪者のものだとわかっていては、判断を歪めてしまうからです。サイコパスの脳画像は、共感性や自己制御に関連する前頭葉から側頭葉の特定の領域で活性度が低いという特徴をもつそうです。

ある日、彼はサイコパスに典型的な脳の特徴を示す画像を見つけました。記録から、その画像が誰のものであるのかを調べていきます。すると、その画像は、ジェームス・ファロン自身の脳の画像だったのです。彼は機械が壊れているのではないかと疑い、調べてみたのですが、機器に異常は見あたりませんでした。

まさかサイコパスの脳を研究している自分自身の脳が、サイコパスの典型的な特徴をもっているとは思いもしなかった彼は、さらに自分の遺伝子を調べていきます。すると、攻撃性や暴力、共感性の低さなどの遺伝的な特徴についても、自分自身がもつことがわかっていきます。しかし、彼は神経科学者であって、犯罪者ではありません。

ですが、彼がこれまでの自分自身の言動を思い起こすと、衝動的であったり攻撃的であったり、他の人々の気持ちを考えなかったりするエピソードに思い当たりました。さらに祖先をたどると、家族を殺した殺人者が存在していたことも判明しました。ファロンは、サイコパシー的な要素を明らかにもった人物なのでしょう。しかし、彼は日常的に暴力をふるうわけでも、誰かをおとしめようとするわけでもありません。

この本の中で明らかになるのは、彼がとても厳しく愛情をもって育てられたという経験です。決して乱雑で、予測可能性が低く、貧困など厳しい環境の中で育ったわけではありませんでした。たとえサイコパシー的な素因をもっていたとしても、幼少期の経験、家庭の要因、養育の要因によっては、社会の中で適応的に人生を送ることができるのかもしれません。

さらに彼は、自分自身の中にサイコパシー的要素が存在していると知ってから、それを隠すのではなく、著書の執筆にまで昇華させています。自分を知った上で、では何をするのか、何をすべきかについては、意志の力を信じたいところでもあります。

†性格の安定性とは何か

ダークな性格は遺伝と環境から影響を受けつつ、形成されていきます。では、この性格は大人になったらもう変化しないのでしょうか。

「性格が何歳で完成するのか」という議論は、昔からよく行われてきました。一般的にも、素朴な疑問として「性格は何歳で決まるのか」ということが言われますし、さまざまな説が提唱されます。

しかしここで重要なのは「完成する」や「決まる」とは何かという問題です。性格の発達的変化を検討するときには、年齢に伴う性格の得点の「安定性」を検討します。この安定性が、いわば「完成」や「決定」を意味するというわけです。ただし、「安定性」は一つではありません[150]。

第一に、平均的なレベルの安定性です。幅広い年齢集団を対象にしてデータを取得していきます。あるいは、特定の集団を長期間にわたって何年も追跡調査をしていきます。ある性格特性について縦軸に集団の平均値、横軸に年齢をとってグラフを描いたとき、ある年齢までは平均値が上昇や下降もしくは上下動を示していて、ある年齢を過ぎるとその後はほとんど上下動を示さず平均値があまり変わらなくなったとします。このとき、平均レベルの安定性という観点から見た性格の安定性が観察されたことになります。

第二に、順位の安定性です。各個人に注目したとき、年齢に伴ってある性格特性の得点が上昇したり下降したりします。これがバラバラに生じたときに何が起きるかというと、得点が上位だった人が下位になったり、下位だった人が上位になったりして、順位が安定しないという現象が生じます。順位の安定性は、一度調査を行った同じ集団に対してもう一回以上、追跡調査を行うことで確認することが可能です。一回目の調査と二回目の調査における得点について、相関係数を算出します。

もしも相関係数の値がプラスで大きければ順位の入れ替えが少ないことを意味しており、相関係数の値が小さい（ゼロに近い）のであれば順位が大きく入れ替わっていることを意味します。そして、もしもある年齢よりも前の段階では二回の調査間の相関係数が小さく、ある年齢を超えると相関係数が大きくなることが観察され、それ以降の年代ではその値がほとんど変わらないのだとすれば、その年齢で順位の安定性の観点から見た性格の安定性が観察されたことになります。

第三に、構造の安定性です。ある心理特性と別の心理特性との関係のしかたが、年齢とともに変化していくことがあります。たとえば若い頃は二つの性格特性が結びついていて明確に分けられない一方で、年齢を重ねるとその二つが意味的に分化して、明確に二つの性格特性へと発展していくことも考えられます。このような場合には、若年層ではこれらの相関係数が高く、年齢とともに相関が小さくなっていく様子が観察されます。

同じような現象は、ここまでにも何度か説明の中で登場してきた、複数の変数の背後に共通する要因を見つける統計手法である因子分析でも見出すことが可能です。ある年齢段階までは因子分析を行うと数少ない性格の因子数しか見出されないのですが、ある年齢からは複数の明確な性格の因子が見出されるようになるというのが一例です。このような場合に、その年齢で構造の観点からみた性格の安定性が観察されたことになります。

第四に、個人の安定性です。ここまで説明した三つの安定性は、集団を観察したときに示される安定性を意味します。しかし各個人に視点を置いた場合には、それぞれの個人が異なる年齢で性格の安定性を示す可能性があります。これは、赤ちゃんが生まれてから寝返りをうつことができるようになること、立ち上がることができるようになること、言葉を発することができるようになることなどを思い浮かべてもらうとイメージしやすいかと思います。

赤ちゃんを観察していると、寝返りをうとうと試みるものの、なかなか成功しない時期が続くことに気づきます。しかしあるとき、ふとした瞬間に寝返りに成功します。すると、その赤ちゃんはコツを摑んだかのように、どんどん寝返りをうつようになるのです。この時期は、他の赤ちゃんとだいたい同じ時期なのですが、それぞれの赤ちゃんで異なります。早めに寝返りをうつ子もいれば、なかなか成功しない子もいます。集団で見ると、「平均は生後何カ月」と算出することができるのですが、個々の赤ちゃんに注目するとそれぞれが異なる時期に寝返りをうつようになるのです。

性格の安定性についても、同じようなことが言えるかもしれません。ある人は一三歳以降に安定し、ある人は二〇歳、ある人は四〇歳で安定するという、各個人における安定性のポイントが存在する可能性があるのです。

最後に、イプサティブな安定性と呼ばれる観点があります。これも、集団ではなく個人に視点を置く安定性の見方です。たとえば、ダーク・テトラッドで考えてみましょう。ある人は、若い頃からダーク・テトラッドの四つの性格特性の中では、ナルシシズムが高い傾向を示していました。ですがさまざまな経験をする中で、全体的にダークな性格は抑制されていきます。しかし、全体的に得点が低くなっていったとはいえ、ダーク・テトラッドの四つの性格特性の中で比べると、やはりこの人はナルシシズムが比較的高い傾向を示していました。

このように個人の中で、どの得点が高く、どの得点が低いという関係性が安定することがあります。これが、イプサティブな安定性の例です。また、ある人の複数の性格特性の得点プロフィール（個人の性格検査の得点をグラフに表したもの）を描いたときに、時間が経過しても、また全体的に得点が上下をしても、高いところは高く、低いところは低くなるというかたちで、同じような得点プロフィールを描く場合に、イプサティブな安定性が見られたことを意味します。

†ダークな性格の安定性

　さまざまな安定性について、ビッグ・ファイブ・パーソナリティについては詳細な検討が行われています。たとえば、平均レベルの安定性に関しては、成人期以降、年齢とともに神経症傾向が低下し、勤勉性と協調性は上昇し、外向性と開放性はあまり明確な一定の変化を示さない傾向が報告されています。[151] またおおよそ同じような年齢に伴う平均値のトレンドは、日本でも報告されています。[152]

　一方でダークな性格については、このさまざまな安定性のすべてが検討されているわけではありません。その中でも、日本で調査された二〇〇〇人規模と四〇〇〇人規模の二つのデータセットを用いて、ダーク・トライアドの三つの性格特性について二〇歳以降六九歳までの平均値の変化を検討した研究があります。[153] ダーク・トライアドの測定には、代表的な心理尺度であるSD3とDTDDがそれぞれ用いられています。

　分析の結果から、マキャベリアニズムとナルシシズムに関しては、年齢が上になるほど直線的に平均値が低下していくことが示されました。一方でサイコパシーに関しては、逆U字の曲線を描きながら平均値が低下していく様子が報告されています。加えて、男女で比較すると、ナルシシズムでは年齢に伴う変化に明確な男女差は見られませんでしたが、マキャベリアニズムとサイコパシーに関しては、男性よりも女性の方が年齢に伴って大きく低下する様子が見られています。ただし、ナルシシズムに関しては、測定に用いる心理尺度によって異なる年齢との関連も報告されていますので、少し結果の解釈には注意が必要です。

英語圏で行われた調査データを用いて、ダーク・トライアドではないのですが同じようなダークな性格として、第1章でも紹介した「D」因子の年齢に伴う平均レベルの安定性を検討した研究もあります。[154] 結果を見ると、二〇歳から五〇代までの間の年齢で、Dについても、Dの構成要素についても、年齢とともに平均値が直線的に低下していく様子が見られました。

どうやら、日本でも海外（英語圏）でも、ダークな性格は成人期を通じて平均値が低下していく傾向が見られると言えそうです。実は、成人期を通じて社会の中でより望ましいとされる心理的な特性の平均値が上昇し、望ましくないとされる心理特性の平均値が低くなっていく現象が見られることが知られています。たとえば自分を肯定的にとらえる傾向である自尊感情についても、人生の中で平均値が低いのは一〇代後半の高校生の頃であり、いちばん平均値が高くなるのは中年期後期からそれ以降、六〇代や七〇代の頃なのです[155]。

人生の中で、成人期の生活に有利に働くような心理特性や性格特性を次第に身につけていくことを「成熟の原則」と呼びます[156]。社会の中で新しい役割を担うたびに、少しずつ性格特性が変化していくことにより、全体的に平均値として望ましい方向へと変化していく現象が生じるのではないかと考えられています。

たとえば、恋愛関係の中でうまく相手と長期間つき合っていくためには、自己中心的であったり共感性に欠けたりする状態は不利になります。実際に、新たな人間関係の形成は、性格の変化につながることが知られています[157]。同じように、学校間の移行、学校から職への移行、結婚、離婚、死別など、人々が経験するライフイベントによって、ある一定方向の性格の変化が生じる可能性があるのです。

ダークな性格が年齢とともに低下していく様子も、人々が人生の中で次第に社会へ適応していく成熟の原則を表現しています。「若い頃と違って歳を重ねて丸くなった」というのは、全員に当てはまるわけではないにせよ、一定の範囲で見られる現象なのです。

第6章

ダークさとは何か

1 「良い性格、悪い性格」とは何なのか

マキャベリアニズム、ナルシシズム、サイコパシー、そしてサディズムという言葉を聞くと、「望ましくない」「倫理的ではない」「迷惑がかかりそう」「だまされそう」そして「悪い」など、さまざまな印象を抱くのではないでしょうか。

しかし、これらダークな性格の「ダーク」とは、何なのでしょうか。この章では、ここを掘り下げて考えてみたいと思います。

†望ましい心理特性

アメリカの作家ポール・タフは、著書『成功する子 失敗する子――何が「その後の人生」を決めるのか』（英治出版、二〇一三年）の中で、イリノイ大学の性格心理学者ブレント・ロバーツについてのエピソードを紹介しています。[158]

ビッグ・ファイブ・パーソナリティについてはすでに説明しましたが、五つの性格特性の中でも勤勉性は、もっとも社会の中で生活する上で「良い性格」「望ましい特性」だと

評価されています。そしてロバーツは、勤勉性の研究でも世界的に知られています。

ところがロバーツが大学院を修了し、一九九〇年代に研究テーマを定めようとしていたときには、勤勉性に注目して研究をしようとする研究者は、世界中にほとんどいなかったそうです。大部分の研究者は、勤勉性は性格特性の中の「厄介者」だとも考えていました。勤勉性は、まじめで規則を守り、保守的で管理された生活につながり、宗教色のイメージも強い性格特性です。

その一方で、未知のことがらを受け入れ独創的で好奇心も強く、リベラルな思想にもつながる開放性は、「クールな（かっこいい）」イメージにもつながります。勤勉性は、あまり「クールではない」とイメージされていたのです。私自身、一九九〇年代後半に大学院生時代を送っていました。たとえ当時、ビッグ・ファイブ・パーソナリティの内容について理解していたとしても、確かにその中で勤勉性に興味を抱いて研究していこうと考えたかというと、そうはならなかっただろうと想像します。

さて、勤勉性につきまとうこのイメージを変えたのは、研究結果です。

数多くの研究結果が報告されてくると、ビッグ・ファイブ・パーソナリティに含まれる五つの性格特性（外向性、神経症傾向、開放性、勤勉性、協調性）の中で、勤勉性だけが学業成績にも学歴にも、職業パフォーマンスにも、飲酒や喫煙やドラッグなどの問題の少なさにも、そして長生きすることにも関連することがわかってきたのです。このような研究知見が報告されるごとに、研究者たちの勤勉性への注目が高まり、次第に勤勉性はとても重要な性格特性だと考えられるようになっていきました。

近年では、知能検査や学力試験では測ることができない心理的な働きを「非認知能力」や「非認知スキル」と表現することがあります。多くの研究が行われる中で、勤勉性は非認知能力の中でも中心的な位置を占めると言われるほどの地位を確立しています。その背景には、社会の中でのさまざまな結果、しかも社会的に「望ましい結果」を予測する研究結果の報告があるのです。

†注目を集めるグリット（やりぬく力）

二一世紀に入ってから、「望ましい心理特性」として確固たる地位を築いていった心理特性の一つが、「やりぬく力」とも称される性格特性であるグリット（Grit）です。[159]

グリットという概念を提唱したのは、中国系アメリカ人の心理学者ダックワースです。彼女はオックスフォード大学で神経科学の修士号を取得後、経営コンサルタントに従事しますが退職し、数学の教師となります。この教師の経験の中で、知能以外の心理的な特徴に興味を抱いていったようです。
グリットとは、長期的な目標に対する継続的な情熱と忍耐力のことです。グリットを測定する心理尺度には、数カ月以上にもわたる計画に集中することや、別のことへと興味が移らないことなどを特徴とする「興味の一貫性」と、試練に打ち勝つために困難を乗りこえることや、始めたことを最後までやり遂げる「努力の粘り強さ」という要素が含まれています。[160]
グリットという概念の有用性を検討する中では、学業成績の高さ、退学率の低さ、スペリングコンテストでより高い地位までたどり着くことなどが示されてきました。[161] 研究の中でグリットは、厳しい競争を繰り返す環境の中で、最後までやりぬいた結果生じる状態を予測することがくり返し報告されてきたのです。しかも、知能検査で測定された知能よりもグリットのほうが成績を正確に予測することも報告されています。
性格特性は、現実世界の結果を予測することが報告されると、一気に価値が認められます。グリットの論文を読むと、最初からその点が意図されていたかのように思えます。

†自尊感情万能論への批判

第4章で、自尊感情について説明しました。自尊感情は、世の中に広まっているいわゆる「自己肯定感」に近い意味をもつ概念です。そして、世の中で「自己肯定感を高めよう」という動きがあるように、自尊感情も「望ましいもの」だと考えられてきました。これはきわめて直観的な判断です。いま世の中で多くの人々が、「自分に自信を持つことはよいことに違いない」と信じているのではないでしょうか。そして、学校の中でも家庭の中でも、子どもたちの自尊感情を高めようと試みられるようになっています。

ちなみに、自己肯定感や自尊感情に関連する、さまざまな用語を日本語の中で区別しようとする試みも行われているようです。しかし、研究を行って心理学の論文を執筆する立場からすると、「どの日本語がどの英語に対応しているのか」という点が重要です。

自尊感情はself-esteem、自己効力感はself-efficacy、自己価値はself-worth、自己尊重はself-respect、自己受容はself-acceptanceなど、学問の世界で使われる用語として日本語と英語の対応がつけられています（ただし、必ずしも一対一で対応するとは限らず、揺らぎが見られる用語もあります）。一方で、いわゆる「自己肯定感」は、「これだ」という心理学の学問上の英語表現が存在しません。この言葉は、非常に「ふわっと」した日本語の意味を表しているに過ぎないのです。

自尊感情神話という言葉を耳にしたことはあるでしょうか。アメリカでは一九九〇年代に、自尊感情が高いことは「実生活に役立つ」「精神的な健康につながる」「学業成績も高まる」「友人関係もうまくいく」「仕事もうまくいく」「暴力の問題も少なくなる」など、自尊感情が高くなることでさまざまな「望ましいこと」が起きるはずだと考えられていました。日本でもこの動きは二一世紀に入ってから見られています。

ところが、二〇〇三年にアメリカの著名な社会心理学者バウマイスターらが発表したレビュー論文が、この流れに水を差すことになります。[162] たとえば、自尊感情の高さと学業成績のよさとの間には相関関係があるのは確かです。しかし先にも触れたように、相関関係があることと因果関係があることとは一緒ではありません。身長と体重との間には高い相関関係がありますが、身長の原因が体重とか、体重の原因が身長といった明確な因果関係が成立するわけではないのです。

そして、自尊感情と学業成績との因果関係を検討すると、学業成績が良いから自尊感情が高まるという因果関係の方向性のほうがメインであって、自尊感情が高いから学業成績がよくなるという方向性はあまり見られないということが指摘されています。むしろ、自尊感情を高めることで成績が下がってしまうような報告もあるようです。

暴力に関しても、自尊感情の高さが抑制要因になるとは限らないようです。むしろ、高い自尊感情をもっており、その自尊感情が不安定な場合には、相手に対する敵意や暴力につながりやすいという指摘すらあります。これも、不安定で高い自尊感情をもつとされるナルシスティックな人物が、攻撃的な特徴をもつという点に共通します。

自尊感情と良好な人間関係との間については、相互の影響関係が報告されています[163]。温かい関係、親密な関係、満足した関係、対人ネットワークの広さなどについては、自尊感情の高さから良好な関係への影響と、良好な関係から自尊感情の高さへの影響の両方が報告されています。ただしその影響力は、非常に小さな値だと言わざるを得ません。自尊感情を高めたら誰でも人間関係が良好になる、と言い切ることは難しいのです。

もちろんこれらの研究結果は、「自尊感情や自己肯定感は不要だ」という意味ではないので注意してもらいたいと思います。自分自身をより望ましい状態だと認識することは、自分を卑下して嫌悪した状態に比べれば、明らかに精神的に安定し、安心した状態でいられることを意味します。しかし、考え方を変えてでもとにかく自尊感情を高めようと試み、実際に成功したとしても、そのことで人生がすべてうまくいくというわけではないのです。

†自尊感情だけ伸ばすのは難しい

アメリカの心理学者トウェンギとキャンベルは、アメリカの子育てや教育の中で自尊感情を高めようとする試みが行われてきたことによって、近年になるにつれて実際に自尊感情の平均値は高まってきていることを報告しています。[164] しかし同時に、アメリカの中で自尊感情だけでなく、ナルシシズムも高まってしまっていることが報告されているのです。自尊感情を高めようとするときに、褒めるだけでなく「あなたは特別な存在」であり「(ほかの人よりも) 優れた存在である」というメッセージが子どもたちに伝わってしまっているのかもしれないのです。

この可能性は、私たちに大きな問題を提起します。それは、何かの心理特性を伸ばしたり抑制したりしようとしたときに、その特性「だけ」を操作することの困難さです。

自尊感情とナルシシズムは互いに関連しています。もちろん、厳密には異なる概念なのですが、ナルシシズムが高い人は自尊感情も高い傾向にあることは間違いありません。そして自尊感情を高めようとしたときに、自尊感情と同時にナルシシズムも高まってしまう現象を止めることは、現実的には非常に難しいことのように思えます。もちろん、より本質的な自尊感情を高めようとする試みは行われています。[165] しかし、それはまだ検討しなければならない課題が多くありそうです。

2　長所と短所は切り離せない

†ギフテッド教育の難しさ

同じような問題は、特別な才能を持って生まれた子どもたちを対象とする特別な教育である、ギフテッド教育の中でも指摘されています。[166] 若くして何らかの才能があり、何かの領域で特筆すべき能力を示す子どもたちに適切な教育を施すことは、その子たちにとっても社会の発展にとっても重要な意味があります。学校の勉強のように、広い範囲の科目にうまく適応することはできないけれども、ある一分野だけに特化して能力を発揮する子どもたちにとっては、ギフテッド教育は救いにもなりえます。

ギフテッド教育は、通常の教育の中では生きづらさを感じている子どもたちに光を当てて、能力やスキルを開花させる試みです。ある分野に突出していることで学校教育では浮きこぼれてしまい（落ちこぼれではなく）、突出した能力を発揮することなく成長してしまう子どもたちは、予想以上に数多く存在することでしょう。そのような子どもたちに焦点を当てていくことはとても重要な試みです。

しかし、子どもを能力によって選抜し、「あなたはこの能力がある」と自覚させ、その能力をギフテッド教育の中で伸ばしていくことは「特別な扱い」でもあります。このような特別な扱いの中で本人が「ほかの人がもっていない特別な能力の持ち主だ」という自覚をもってしまうと、ほかの人の助言に耳を傾けなかったり、失敗を避けて挑戦することを避けたりする行動が出てくるかもしれません。

どうして特別な能力を自覚すると、挑戦をしないことや失敗を避けることにつながるのでしょうか。

一つの考え方は、人々が能力に対してもつ暗黙の考え方である、マインドセットです。アメリカの心理学者ドゥエックらは、知能や能力などを生まれながらの固定化されたものと考えるか、動的で可鍛性(トレーニングすることができる可能性)があり発達や変化しうるものだと考えるかに注目しました。[167]

能力が生まれながらだと考える固定的な能力観をもつ人が、自分の能力が発揮されるはずの課題で失敗することを想像してみましょう。するとその失敗は、自分の能力が不足しているせいであり、かつその能力の足りなさは生まれながらのものとなるのです。それは、その人物そのものや、人生自体を否定することにもなりかねません。固定的な能力観を持つ人にとって、失敗することは自分の存在そのものが否定されるリスクにつながるのです。ですから、失敗や挑戦を避けようとするのです。

一方で、能力はトレーニングや教育で変化するという可変的な能力観を持つ人にとっては、挑戦は学びの場であり、失敗は次への成長につながるチャンスでもあります。自分の能力は伸びていく可能性があるのですから、挑戦や失敗をいとわずさまざまなことにチャレンジし、ほかの人の助言を聞き入れる態度にもつながっていくのです。

ギフテッド教育という、子どもたちを救うことを意図した試みであっても、子どもたちの人生にとってはむしろ望ましくない結果をもたらしてしまう可能性があるのです。この欠点をうまく回避して教育を行うことは、はたしてできるのでしょうか。もちろん、工夫次第で可能でしょう。しかし、一歩間違えば長所が短所になってしまうような不安定さがあるということは、心にとどめておく必要があります。

†心理特性のネットワーク

どうして長所が短所とつながってしまうのでしょうか。一つの理由として、心理特性どうしがネットワーク上につながっている様子をイメージすると理解しやすいのではないかと思います（図③）。

ナルシシズムはサイコパシーやマキャベリアニズム、サディズムにもネットワーク状につながっており、サイコパシーとマキャベリアニズムとサディズムもお互いに結びつく形で、ダーク・トライアドやダーク・テトラッドとしてまとまっています。さらにナルシシズムは自尊感情にも外向性にもつながっており、これらダークな特性たちは攻撃性や衝動性など、他の心理特性へとつながっています。

加えて、ネットワークにはプラスのつながりとマイナスのつながりもあります。プラスのつながりは、ある心理特性とつながった先の心理特性が同時に高くなったり低くなったりする可能性がある関係です。一方でマイナスのつながりは、片方の心理特性が高いともう片方が低くなり、片方が低くなるともう片方は高くなるような関係性を持ちます。

ただしネットワークは因果関係ではありませんので、ある変数を高めたからといって、それが他へと波及するとは限りません。しかし、何かしら両者に対して同時に影響する要因が存在しており、同時に上がったり下がったりする可能性もあるのです。

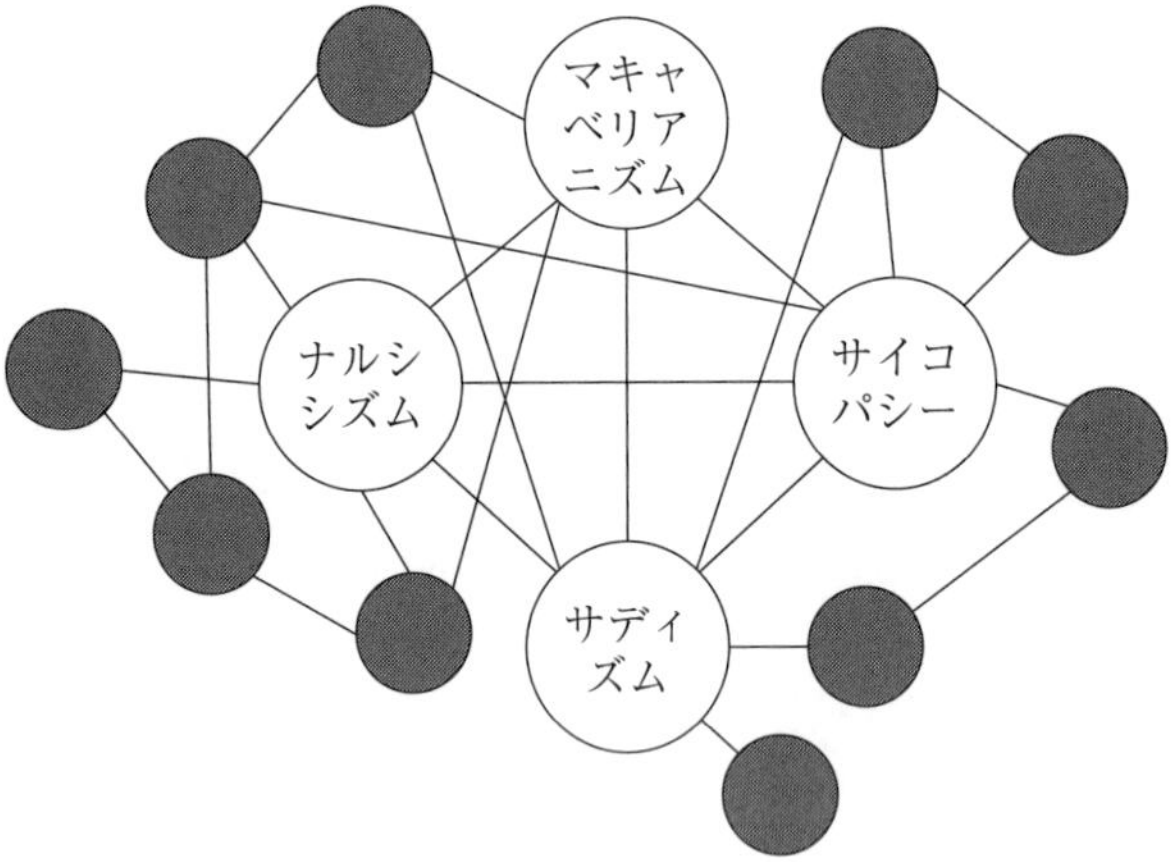

図③　ネットワーク構造のイメージ

これまでに、ダークな性格と多くの心理的な特性との間に関連が報告されています。それらをすべてネットワークに描くことは困難です。また、まだ見つかっていない変数間の関連もあり、思わぬところで新しい関連の様子が見出されることもあります。もちろん、この発見は、研究の中では一つの重要な観点になります。日々世界中の研究者が、新たな関連を発見しようと研究を積み重ねています。

このように考えると、ある心理特性だけに焦点を絞って変化させようと試みたとしても、実は他の心理特性にも影響が波及するということは十分に考えられるのです。図③のネットワークのどこかを持ち上げると、線でつながった他の部分もずるずると持ち上がってくるようなイメージです。過度なダイエットをすると、確かに体重は減少するのですが、冷え性になったり、運動能力に問題が生じたり、集中力が続かなくなってしまったり、心身によくない結果がもたらされる可能性がありますが、これとよく似た現象です。

たとえダークな性格が社会的に望ましくないからといって、それを抑制しようと試みることは、この過剰なダイエットと同じような副作用をもたらす危険性があります。ワクチンにも副反応があるように、心理面での介入を行うときにも、思わぬところでの副反応が生じる可能性を考える必要があるのです。

†行動の動機

「殺人」という言葉は通常、非合法による殺害の説明に用いられます[168]。ここには、いわゆる犯罪に含まれない殺害行為が存在します。たとえば、正当防衛による殺害です。

犯罪が行われた時、精神科医に精神鑑定を依頼することがあります。そこでは、犯罪の動機が了解できるかどうかという点が一つのポイントになります[169]。動機が了解できない、理解できないときには、無罪の一つの理由になりえるそうです。たとえば、明らかに「色、金、名誉」という動機が見られる場合には、裁判官や検察官、弁護士も、その犯罪の動機が「理解できる」と判断します。もちろん、誰もが「色、金、名誉」を理由にして罪を犯すわけではありません。しかし、これらが理由に挙げられれば、皆が「確かにあり得る」と納得するのです。

一方で、家の前を通りかかった人に殴りかかって怪我をさせた男性が、その理由を訪ねられたときに、次のような理由を言ったとしましょう。「実は、自分は重要人物のため某国の監視対象となっており、いつも犬を連れて家の前を散歩している男性が、自分を監視する某国のスパイだということが判明した。そこで、自分が殺される前に、家から飛び出て殴りかかった」。このような理由は、「色、金、名誉」とは大きく異なります。すると、「動機が理解できない」と考えられ、精神鑑定の対象となる可能性が出てきます。

†七つの大罪

カトリック教会には、人間を罪に導く七つの大罪という欲求や感情が定められています。それは、憤怒、嫉妬、暴食、強欲、色欲、傲慢、怠惰です。ちなみに、それぞれの罪を犯した者は、死後に地獄で次のような罰を受けることになっているそうです。憤怒は生きたまま身体を切断される、嫉妬は凍りつく水の中に入れられる、暴食はネズミ、カエル、へビを無理やり食べさせられる、強欲は煮えたぎる油の入った大釜に入れられる、色欲は地獄の責め苦を味わわせられる、傲慢は車裂きの刑、そして怠惰はヘビ穴に投げ込まれる、という対応です[170]。そしてこの罰は、無限に続いていきます。

このような一種の脅しが語られるように、七つの大罪は抑制すべき欲だとされていたのです。また、七つの大罪の反対となる特徴もあるそうです。これは「美徳」と呼ばれています。憤怒には「忍耐」、嫉妬には「感謝」、暴食には「節制」、強欲には「慈悲」、色欲には「純潔」、傲慢には「謙虚」、怠惰には「勤勉」が対応します。

さて、これらはすべて、心理学の研究対象となる現象です。たとえば、憤怒は怒りや敵意、攻撃性を測定する心理尺度が適用できそうです。嫉妬については妬み傾向の尺度が作成されていますし[171]、過食に関しては摂食障害を測定する心理尺度で把握することもできそうです[172]。強欲は、より多くのもの（資源や金銭）を求める飽くなき欲望とされており、「ものが多すぎて困るなんて、私には想像できない」などの質問項目が含まれる心理尺度が開発されています[173]。

色欲に関しては、性欲の個人差を測定する心理尺度はどうでしょうか[174]。傲慢は、ナルシシズムにもよく似ていますが、自分が特別だという感覚をもつ傾向である特権意識を測定する心理尺度も開発されています。[175]怠惰は、物事を達成しようとする動機づけの低さで測定することができそうです。このように考えると、七つの大罪についてもまとめて心理学の研究対象にすることができそうです。

これも何年前だったでしょうか。とある海外の学会で、ポスター発表（一つひとつの発表がパネルに掲示されており、その前で研究者が説明する形式の学会発表）の会場をぶらぶらしていたときに、たまたま次に紹介する研究を見つけたのを覚えています。タイトルを見た瞬間、「心理学で七つの大罪の研究をしている人がいるのか」と驚きを感じたのでした。

カナダの心理学者ヴァーノンたちは、七つの大罪に相当する内容を測定する心理尺度を用意し、ダークな性格との関連を検討しています。[176]全体的に、マキャベリアニズムもサイコパシーも、七つの大罪全体とプラスの関連を示します。一方でナルシシズムはやや関連が小さめで、「怠惰」との間の関連は統計的に有意なものではありませんでした。

七つの大罪は、きわめて人間らしい欲求を表しています。そして、これらの欲求に基づいて反社会的な行動をとったり、罪を犯したりすれば、多くの人はその理由を「それらしい」と納得することでしょう。

ダークな性格に関連する欲求は、それだけわれわれにとって理解しやすいものだと言えるのかもしれません。ダークな性格が表す行動の理由というのは、少し見方を変えてみれば、とても我々にとって身近で人間らしいものだとも考えられるのです。

3 社会の中でのダークな性格

†ステータス・ゲームからは逃れられない

イギリスの作家ウィル・ストーが『ステータス・ゲームの心理学――なぜ人は他者より優位に立ちたいのか』（原書房、二〇二二年）の中で指摘するように、人生の中では年齢や美貌など、さまざまなステータスが目の前に出現し、私たちは意識するしないにかかわらず、それを競っています。そして、特に支配、美徳、成功という三種類のステータスとそれらを追求するゲームが人生の中では大きな位置を占めます。

支配ゲームでは、ステータスは権力や恐怖心によって強制的に達成されます。美徳ゲームでは、義理や人情、従順さ、道徳などに秀でた人物にステータスが与えられます。成功ゲームでは、スキルや才能を背景として勝利することや、それだけでなく特定の細かく決められた結果を示したときにもステータスが与えられます。

あくまでもイメージに過ぎず大まかな類型ではありますが、反社会的な勢力や軍隊の中では支配ゲーム、宗教や王室制度の中では美徳ゲーム、企業やスポーツの場面での競争は成功ゲームが中心になると考えられます。

しかし、これらは厳密な分類ではありません。多くのステータス・ゲームは支配と美徳と成功の三つの要素が混合します。異種格闘技戦のような試合は支配ゲームと言えそうですが、何らかのルールがあり、ルールを遵守する美徳ゲームの要素を含み、激しいトレーニングと才能を背景とした成功ゲームの要素も見られます。

研究者が競う世界も、明らかにステータス・ゲームです。基本的にはどのような研究を行ったのか、どのような論文や著書を書き、どのような研究発表を行ったのかという研究成果を背景としたステータスが意識されます。「あの研究をした人ですよね」と言われることで、研究者のステータスは上昇していくのです。

加えて近年、数字の上での競争も激しくなっています。Google Scholar（グーグル・スカラー）やResearchGate（リサーチゲート）、Scopus（スコーパス）といった論文・研究者データベースを通じて、各研究者が関与した論文数、各論文がどれだけ引用されたか、そして各研究者の研究への貢献度を表す指標を知ることが可能になっています。たとえば被引用数は、ある論文が他の論文に何回引用されたかを表します。心理学の世界でも駆け出しの研究者だと数十回、数百回の被引用数ですが、世界的に知られる研究者となると数万回、数十万回の数字を誇るようになっていきます。

またh-index（h指数）は、h回の被引用数をもつ論文がh本以上あるという条件をみたす最大の数値のことを言います。これまでに二〇本の論文をもっているある研究者が、一〇回以上引用された論文を一〇本もっており、それ以外の論文はすべて九回以下の引用回数であれば、h指数は「10」となります。この研究者の論文の被引用数が増え、一一回以上引用された論文が一一本になればh指数は「11」となります。また、同じ二〇本の論文をもっている研究者であっても、一〇回以上引用された論文が五本だけであり、それ以外の論文は一回ずつしか引用されていなければ、h指数は「5」となります。

さて今や、まるでロールプレイングゲームや戦闘ものの漫画のキャラクターのように、それぞれの研究者は数値で表現され、あたかもこれが研究能力であるかのような扱いを受けています（ただし、このゲームとはまったく異なるルールの下で競争している研究分野も存在します）。明らかに研究者の世界は成功ゲームが行われているのですが、研究者としてのキャリアから支配ゲームが行われたり、研究者としての姿勢が評価されたりする美徳ゲームの要素が含まれることもあります。

さらに、明確にステータスを求めるゲームに参画していないように見えても、私たちは個々に、何らかの形でステータス・ゲームに参加しています。そして、支配、美徳、成功のどこにどの程度の重きをおくのかについても、人によって異なります。これらは「三つのうちのいずれかのゲームだけを行う」というものではありません。バランスが問題になるのです。また、場面場面でどのゲームを行うのか、モードを変えることも行います。

「自分ではステータスを求めていない」と考える人もいるとは思うのですが、ステータスを求める欲求は、私たちの心の奥底にもともと備えられているようです。そして、ダークな性格とくにマキャベリアニズムやナルシシズムは、支配や成功に重きを置いたステータスの希求に密接に関連していると考えられます。ステータスを求めることは社会生活を営む私たちにとって根源的な欲求であり、この観点からもダークな性格というのは、とても人間らしく私たちに身近なものだと考えられるのです。

†社会の中での攻撃

とはいえ、ダークな性格の持ち主が身近にいることによって、被害を被っていると感じている人もいるのではないかと想像します。

　日常生活の中で相手から面と向かって攻撃を受けたり、迷惑行為を受けたりするような機会は、昔よりも少なくなっていると言えるのではないでしょうか。現在では誰もがスマートフォンを携帯しており、自動車にもドライブレコーダーが当たり前のようにつけられていますので、トラブルはすぐに録音録画されて記録に残されます。玄関に設置する監視カメラも安価で、何か動きがあればすぐにスマートフォンに通知が来ます。現代の世の中で、あからさまな迷惑行為は衆人環視のもとで抑制される傾向があり、もし行ったとすれば自分の評価を下げてしまうリスクが非常に高くなっているのです。

　もちろんその一方で、インターネット上では匿名アカウントによる嫌がらせや攻撃的な書き込みなどが後を絶ちません。ここまでに説明してきたように、ネット荒らしを楽しむ人々も存在しますし、学校の裏アカウントでは陰湿なやりとりが行われているかもしれません。自分の評価を下げるリスクが低い匿名のもとでは、これらの行動に対する抑制があまり利かなくなってしまいます。

　しかし、たとえそれでも、SNS上の攻撃的な書き込みに対して、発信者情報開示請求を行う動きも増えてきたように思います。個人がそれを行うことはハードルがまだ高いですが、個人からの依頼を受ける弁護士の情報もインターネット上では比較的簡単に見つかるようになっています。

現代の社会は、ダークな性格の持ち主が自分の欲求をそのまま表に出して行動することが難しい環境が増えてきているのです。

†長期的な社会の変化

ここまでに見てきたように、ダークな性格は遺伝的な影響も受けるのですが、厳しい環境の中でさらに培われる可能性があります。そして、厳しい環境の中でこそ、ダークな性格が有利な結果をもたらすとも考えられます。しかしその一方で現代の環境は、ダークな性格にとって不利な要素が多くなっています。

さらに、もっと長い人類の歴史から考えてみても、時代が下るほどにますます厳しい環境は少なくなっています。

心理学者のスティーブン・ピンカーが『暴力の人類史』（上下巻、青土社、二〇一五年）で描き出しているように、人類の長い歴史（地球の歴史から見ればとても短いとも言えますが）の中で、暴力行為の深刻さや頻度、広まり具合は次第に低下してきています。これはおそらく、ネット上の行為についても同じことが言えるでしょう。誰しも、他者から攻撃を受けることは望んではいません。その中で、より多くの人が望む方向へと社会のシステムが構成されていく傾向があるのでしょう。

長い時間の視点で見ると、現代の社会はこれまでの人類の歴史の中でも例外的に暴力が少なくなっています。加えて、医療の発展、科学技術の発展によって、これまで人類が経験してこなかったような健康と長寿の可能性が最大限高まってきているのが現代の社会だと言えます（もちろん、これからさらに発展することが期待されますが）。

このような安全で平和な世界の中では、ダークな性格がそこから浮き上がってくるように見えます。私たちが安心して生活することができる世界で暮らしているからこそ、この世界の秩序を乱すような人々への興味が高まり、理解しようと試み、なんとかそのような人たちから逃れようとするのではないでしょうか。

†平和はいつまで続くのか

ただし、現代のような文明の繁栄が未来永劫続くのか、と問われれば、それに疑問を呈する人も出てくることでしょう。

これまでの人類の歴史を見ても、文明の繁栄と崩壊、国家や社会の繁栄と崩壊は繰り返されてきました。「繁栄」と「崩壊」といっても、そのレベルは様々です。本当に国や地域社会そのものが失われてしまったことも何度もありますし、発展期と衰退期を経験する国も珍しくありません。

言うまでもなく、日本は太平洋戦争後、一九五〇年代から七〇年代にかけて急速な経済発展を遂げ、八〇年代後半には土地を中心としたバブル経済に沸き、九〇年代に入ってからは長期的な低迷期に入ります。これは日本だけではありません。どの国も力強く経済発展を行う時期があり、また低迷する時期があります。

毎年のように、気候変動のニュースが報道されます。ハリケーンや台風、ゲリラ豪雨、大規模な山火事、一方でブリザードのような大雪など、気候の振り幅は年々大きくなっていることを実感します。アメリカの進化生物学者ジャレド・ダイアモンドは、著書『文明崩壊——滅亡と存続の命運を分けるもの』（上下巻、草思社、二〇〇五年）の中で、人類の文明がこれまでに何度も崩壊する中で、その原因となったパターンについてまとめています。それは、環境被害、気候変動、近隣の敵対集団、友好的な取引相手との断交、環境問題への社会の対応です。このうち、環境問題への社会の対応は、文明の崩壊に大きく関係するとされています。私たちの世界は、ますます厳しさを増す環境の問題にうまく対応することができるのでしょうか。

また、二〇二〇年の新型コロナウイルス感染症の世界的な流行は、世界がこのまま崩壊するのではないか、という危険性を感じさせる出来事でした。しかしパンデミックの混乱の中でも、各国の迅速な対応やワクチンの開発プロセスは、私たちに希望をもたらしました。しかし同時に、もっと毒性や感染力が強いウイルスがいつ広まるかわからないという不安は、払拭されないままとなっています。

そしてロシアによるウクライナへの軍事侵攻は、そこから世界中が戦争に巻き込まれるのではないかという危機感を私たちに感じさせます。

スタンフォード大学の歴史学者ウォルター・シャイデルは、著書『暴力と不平等の人類史――戦争・革命・崩壊・疫病』（東洋経済新報社、二〇一九年）の中で、人類が社会の中で不平等が拡大したとき、何かをきっかけにして社会が崩壊するというパターンを繰り返してきたことを描いています。[177] 人類の歴史を通じて、社会が安定化すると人々の間の貧富の格差が次第に大きくなっていきます。その格差が蓄積して広がっていき、どこかでティッピング・ポイント（転換点）を迎えます。多くのケースで崩壊のきっかけとなる出来事は、大規模な戦争、支配層が入れ替わるような革命、国家の崩壊、そして伝染病のパンデミックというパターンをとります。

昭和初期頃の様子を描いた小説を読むと、大学教授の家には当然のようにお手伝いさんがいたり、若い書生が住み込みで家事を手伝いながら勉強したりしています。また当時の東京の大学に勤める教授は、当然のように軽井沢に別荘を持っていたりもします。今の大学教授の給与水準からは、なかなか考えられません。実は、太平洋戦争前の日本は、世界でも類を見ないほど経済格差が拡大した社会だったのです。

この格差社会を終結させたのは、誰もが想像するとおり、戦争です。日本で権勢を振るっていた財閥の上位1％の価値は、一九三六年から四五年の戦争期の間に90％以上も下落します。また三〇年代後半の日本において、所得格差の大きさを表すジニ係数は0・45から0・65という数値でした。ジニ係数が0・4を超えると警戒ラインと言われており、0・6を超えるといつ暴動が起きてもおかしくないと言われるほどのレベルです。それが、日本が戦争を経たあとの五〇年代半ばまでには、0・3前後にまで低下したのです[178]。

格差が大きく広がったとき、戦争、革命、崩壊、疫病が社会の中で猛威を振るい、一時的に社会全体が大混乱に陥ります。そこからまた平和で平等な社会がスタートし、社会は復活していきます。しかし再び訪れた平和な社会は、次第に格差を拡大させていくものなのです。

第二次世界大戦以降、局所的な戦争や紛争は何度も起きており、その地域で大きな被害が発生しているのは確かなのですが、世界を巻き込んだ戦争は起きていません。基本的に世界的に見れば平和な世の中が続いており、やはりこの間、ジニ係数は大きくなってきているようです。日本の二〇二一年のジニ係数は、当初所得で0・57、年金や医療など再分配後で0・38となっています。一九六二年の調査開始以降、この数字は過去最大の水準であったことが報道されました。[179]

現代の世の中は、VUCA（ヴーカ）時代と呼ばれます。これは、Volatility（変動性）、Uncertainty（不確実性）、Complexity（複雑性）、Ambiguity（曖昧性）の頭文字を取った言葉で、目まぐるしく変化し予測が困難な世界を表現しています。今後、私たちの世の中がますます想定外の混乱へと進んでいく可能性は、常に残されています。

混乱した世界は、ダークな性格が形成され、またそのような性格の持ち主が活躍する可能性を高める場所でもあります。はたして、平和で繁栄した世界は、いつまで続くのでしょうか。もちろん、自分が生きている後残りの期間も、子どもたちの世代も孫の世代も、ずっと平和な世の中が続いてほしいと願っています。しかし、人類の歴史の中で混乱なく経過した時間というのは、それほど長いわけでもなさそうだというのも確かです。

†ダークな性格が残る理由

さて、このような問題を考えるときには、どの立場から考えるかを明確にすることが重要だと思います。

個人の立場からすれば、ダークな性格の持ち主だけでなく、自分に対する攻撃、悪意、犯罪から逃れることが重要です。また、実際に被害が生じたときには何らかの対応や措置を行うシステムが整備され、利用できる状況になっていることも重要な点です。

もしも自分自身にダークな性格の要素があると自覚するのであれば、自分の目標や欲求に目を向けてみてはどうでしょうか。ダークな性格の特徴の一つであり、さまざまな問題を引き起こす背景には、自分個人の利益を最大化しようと試みることがあります。しかし、自分がどこかの組織に所属しているのであれば、その組織の利益の最大化と、自分の利益の最大化が一致するように調整することができないかを考えてみるのも、ネガティブな結果を回避するための一つの方法です。

ときにダークな性格が有利に働くのであれば、ダークな性格が低い人はむしろ「高くしたい」と思うかもしれません。もちろん、無理にそのようなことを試みる必要はありません。しかし、課題の解決に至らず煮詰まってしまった場合、ときには他の人のことを気にすることなく、ダークな性格の部分的な特徴を真似しながら自由に振る舞ってみることで、何かしらの打開策が生まれる可能性があります。もちろん、必ず成功するという保証はないのですが、試みてみる価値はありそうです。

あるいは、もっと大きな目標を掲げてみることも意味がありそうです。経営者の例として挙げた、ジョン・ダンラップとスティーブ・ジョブズ、そしてイーロン・マスク、さらに架空の人物ですがシャーロック・ホームズの比較から浮かび上がってくるのは、同じように周囲の人々にとっては厳しい印象を与える人物であっても、私利私欲に走るか問題解決をするか、世界を変えようとするのかという点で、目標が大きく異なるという点です。

社会の中で大きなことをなし遂げるためには、ときに他者の意見を無視したり、勝手に行動したり、うまく周囲を利用したり、感情に動かされずに冷静に判断したりすることが有利に働く場合があります。自分自身の利益だけでなく、社会に目を向けたとき、ダークな性格の一部の特徴が目標に向けた行動を推し進める大きな原動力へとつながる可能性があるのです。

集団を取りまとめる立場から見てみましょう。ダークな性格の持ち主は、集団内の人間関係をかき乱す要素になる可能性がある存在です。この点で、組織からダークな性格の持ち主を排除しようと考える人がいてもおかしくはありません。しかしそれは、組織の構成員の画一化を招きます。組織の画一化は意見や対処の画一化を招き、何か問題が生じたときに回復へとつながる、組織のレジリエンスを阻害する可能性があります[180]。組織が大きなダメージを負ったとき、思わぬところから回復への道筋が生じるためには、ある程度の複雑さと多様性を備えた組織であることが必要だからです。

第2章で見たように、ダークな性格の持ち主にはそれぞれ得意な課題領域があると考えることもできます。また、人々の注目を集める可能性があり、自らの行動が名誉や評判などの見返りを得ることができる場合に、ダークな性格の持ち主たちは他者のためになるような向社会的な行動をする可能性があることも指摘されています[181]。ダークな性格が常に他者や集団のためを思う行動に結びつくわけではありませんが、うまく工夫することで組織や集団に役立つ仕組みを考える余地は存在すると言えるでしょう。

組織が直面する課題は、多様です。多様な課題にうまく対応するためには、組織の構成員の多様性を一定の範囲で維持することも重要です。もちろん、ここで私はリスクを軽視した非常に楽観的な議論をしていることを自分で認識しています。

仕事をする上で、人間関係の良好さや居心地のよさが何ものにも代えがたいものだということは、私自身がこれまでに仕事をしてきた中でも実感するところです。組織の多様性を維持しながら、その一方で一定の心理的安全性を維持し、居心地をよくする方法については、多くの組織にとって大きな課題だと言えます。これが唯一の解決法ではないのですが、第2章で見たように、ダークな性格の持ち主は制限が少なく自律性が高い職場、また周囲から評価されるような職場で満足度が高くなる傾向があります。しかしこのような職場は、ダークな性格の持ち主ではなくても、満足度が高くなる職場でもあるように思われます。

もっと超越的な立場から俯瞰して、人類の営みを見てみましょう。どうして私たち人間の集団の中には、一見して問題を生じさせるような性格が残っているのでしょうか。しかも、一定の範囲で遺伝要因もこの性格の形成に影響するのです。もしも、この性格が社会の中で生存に不利であり、婚姻や子どもを残すことに影響するようなことがあり、かつその社会が何世代にもわたって継続するのであれば、この性格を形成する遺伝子は淘汰されていくはずです。しかし、実際にはそのようなことは生じていません。

地質的な年代からすれば人類の歴史などは一瞬の出来事に過ぎませんが、私たち人類がこれまで生存してきた歴史の中で、ダークな性格が何らかの形で他の性格よりも有利になる場面が、何度も訪れてきたのだろうと想像できます。超越的な観点からすれば、人類が生き残ることに対してダークな性格が寄与してきたという可能性もあるのです。もしも今後、時代の流れのどこかで私たちにとって厳しい世界が訪れたとき、ダークな性格の持ち主が一定数存在することで、人類という集団がなんとか生き残っていく場面に出くわすかもしれません。これも、集団の多様性を維持することのメリットの一つです。

†最後に

さて、少し議論の風呂敷をひろげすぎたようです。

ダークな性格は、決して「自分には無関係なもの」というわけではありませんし、自分の中にダークな性格の要素が存在しないわけではありません。ダークな性格は広範囲な性格の領域を表しており、誰もが部分的に、たとえ要素の一部だけであっても、もっている可能性があるのです。また、自分がダークな性格をもっていないとしても、周囲の人から被害を被ってしまう場合もあります。

どうしてこのような性格が、私たちの中に残っているのでしょうか。進化的なスケールで見れば、このような性格に影響する遺伝的要素が淘汰される前に、環境が激変し、厳しくダークな性格に有利な時代が来るということが繰り返されたのではないかと想像します。長い歴史や進化の観点からすると私たちの人生はあまりに短く、ダークな性格がもつ意義が見えにくくなってしまうのです。

個人の観点からすれば、ダークな性格をもつことで悩み、またダークな性格をもつ人物に悩まされるかもしれません。しかし、それもまた人間の営みであるということを忘れないようにしたいものです。

あとがき

学部生の頃、図書館にこもって研究雑誌をめくりながら卒業研究で何に取り組もうかと悩んでいました。当時はネットでＰＤＦを検索するシステムもなく、一日じゅう図書館にこもって雑誌をめくりながら、論文を探していたものです。

もうどのようなきっかけだったかは忘れてしまいましたが、ナルシシズムに関する研究を見つけたときに、興味が惹かれました。いや、正直なことを言うと、いくつか気になった研究テーマはあったのです。図書館でやみくもに研究雑誌のページをめくりながら、自分が研究できそうなネタを集めようとしていたのでした。その中でナルシシズムの研究は、海外では研究が盛り上がりつつある一方であまり日本国内では研究が進んでおらず、研究すべきことがたくさんありそうな印象でした。

結果的に、その後、博士論文を執筆するまで（そしてその後も）ずっと、ナルシシズムの研究を続けることになりました。これも予想しなかった未来です。

心理学では、華々しく始まった研究領域が、あまり注目されずにしぼんでいってしまう経緯をたどることがよくあります。ナルシシズムという概念も、私が研究を始めた頃は一種の「キワモノ」のようなものであり、いつか研究する人がいなくなるだろうと当の私自身が思っていたのです。しかし海外でその後、さらに多くの研究者が参画してナルシシズムの研究が続いていく様子を見て、正直言って驚きました。

さらに、本書でも扱ったダーク・トライアドの枠組みに、ナルシシズムが加わることになります。この流れも予想外でした。このことで、さらにナルシシズム自体の研究も海外では発展していきます。ダーク・トライアドの枠組みのインパクトは大きかったのですが、第1章で書いたように、測定ツールの開発は研究を爆発的に増加させました。

いったん研究が増えていくと、ネット上で動画や記事がバズるのとまったく同じ現象が研究の中でも生じます。海外のパーソナリティ学会に行くと、ダーク・トライアドだけの研究発表が集まったセッションが一部屋で行われており、興味を抱いた多くの研究者が集まっている様子を目にすることが増えていきます。これも本書で書いたことですが論文も増えていき、パーソナリティ心理学以外の雑誌にもダーク・トライアドの研究がちらほら見られるようになっていきます。

自分がなんとなく興味を抱いて始めた研究が、形を変えながらどんどん広がっていく様子を目の当たりにできたのは、よい経験でした。このような経験から、研究という営みそのものについても、あれこれと考えさせられたものです。「性格が悪い」ということについて考えることは、まさに私たち自身について考えなおすきっかけになります。本書を通じて、自分自身について、社会について、また人類全体について思いを馳せていただければ幸いです。

本書で説明したように、ダークなパーソナリティの研究は多領域に広がっていきました。取り上げることができなかった論文も研究成果も数多くありますし、本書が刊行されるまさにこの瞬間、この領域の研究の流れを大きく変える論文が刊行されるかもしれません。それくらい、この領域の研究は流れが速く、多くの研究者が取り組んでいるのです。このような中で、本書は独断と偏見で研究を選択し、少し無理をしながらまとめた部分もあります。本書の内容が不十分なところは、すべて著者である私の力不足によるものです。

本書は、多くの方のご協力があって完成までこぎ着けることができました。一緒に研究しながら多くの刺激を与えてくれる、共同研究者や大学院生の皆さんに感謝します。また、なかなか執筆に取りかかることができず、執筆が始まっても遅々として進まない筆（キーボード）を辛抱強く待ち、励ましていただいた、筑摩書房編集部の羽田雅美氏にも心より感謝申し上げます。

(注)

1 マルコム・グラッドウェル、沢田博・阿部尚美（訳）『第1感――「最初の2秒」の「なんとなく」が正しい』光文社・二〇〇六年

2 T．ギロビッチ、守一雄・守秀子（訳）『人間 この信じやすきもの――迷信・誤信はどうして生まれるか』新曜社・一九九三年

3 Achenbach, T. M., & Edelbrock, C. S. (1978) The classification of child psychopathology: a review and analysis of empirical efforts. *Psychological Bulletin*, *85* (6), 1275–1301. https://doi.org/10.1037/0033-2909.85.6.1275

4 Bühler, J. L., Orth, U., Bleidorn, W., Weber, E., Kretzschmar, A., Scheling, L., & Hopwood, C. J. (2023) Life Events and Personality Change: A Systematic Review and Meta-Analysis. *European Journal of Personality*. 08902070231190219 https://doi.org/10.1177/08902070231190219

5 Seligman, M. E., & Csikszentmihalyi, M. (2000) Positive psychology.: An introduction. *The American Psychologist*, *55* (1), 5–14. https://doi.org/10.1037/0003-066x.55.1.5

6 Wang, F., Guo, J., & Yang, G. (2023) Study on positive psychology from 1999 to 2021: A bibliometric analysis. *Frontiers in Psychology*, *14*, 1101157. https://doi.org/10.3389/fpsyg.2023.1101157

7 Paulhus, D. L., & Williams, K. M. (2002) The Dark Triad of personality: Narcissism, Machiavellianism and psychopathy. In *Journal of Research in Personality* (Vol. 36, Issue 6, pp. 556–563). https://doi.org/10.1016/s0092-6566(02)00505-6

8 Proto, E., & Zhang, A. (2021) COVID-19 and mental health of individuals with different personalities. *Proceedings of the National Academy of Sciences of the United States of America*, *118* (37). https://doi.org/10.1073/pnas.2109282118

9 Rolón, V., Geher, G., Link, J., & Mackiel, A. (2021) Personality correlates of COVID-19 infection proclivity: Extraversion kills. *Personality and Individual Differences, 180*, 110994. https://doi.org/10.1016/j.paid.2021.110994

10 Jonason, P. K., & Webster, G. D. (2010) The dirty dozen: a concise measure of the dark triad. *Psychological Assessment, 22* (2), 420–432. https://doi.org/10.1037/a0019265

11 Christie, R., & Geis, F. L. (1970) *Studies in Machiavellianism*. New York: Academic Press.

12 Levenson, M. R., Kiehl, K. A., & Fitzpatrick, C. M. (1995) Assessing psychopathic attributes in a noninstitutionalized population. *Journal of Personality and Social Psychology, 68* (1), 151–158. https://doi.org/10.1037/0022-3514.68.1.151

13 Hare, R. D., Harpur, T. J., & Hemphill, J. D. (1989) *Scoring pamphlet for the Self-Report Psychopathy scale: SRP-II*. Unpublished manuscript, Simon Fraser University, Vancouver, British Columbia, Canada

Lester, W. S., Salekin, R. T., & Sellbom, M. (2013) The SRP-II as a rich source of data on the psychopathic personality. *Psychological Assessment, 25* (1), 32–46. https://doi.org/10.1037/a0029449

14 Raskin, R., & Terry, H. (1988) A principal-components analysis of the Narcissistic Personality Inventory and further evidence of its construct validity. *Journal of Personality and Social Psychology, 54* (5), 890–902. https://doi.org/10.1037/0022-3514.54.5.890

15 田村紋女・小塩真司・田中圭介・増井啓太・ジョナソン・ピーター・カール「日本語版 Dark Triad Dirty Dozen (DTDD-J) 作成の試み」『パーソナリティ研究』二〇一五年24巻1号 26–37. https://doi.org/10.2132/personality.24.26

16 Jones, D. N., & Paulhus, D. L. (2014) Introducing the Short Dark Triad (SD3): A brief measure of dark personality traits. *Assessment, 21* (1), 28–41. https://doi.org/10.1177/1073191113514105

17 下司忠大・小塩真司「日本語版 Short Dark Triad（SD3-J）の作成」『パーソナリティ研究』二〇一七年26巻1号 12-22. https://doi.org/10.2132/personality.26.1.2
18 Allport, G. W., & Odbert, H. S. (1936) Trait-names: A psycho-lexical study. *Psychological monographs, 47* (1), 171. https://doi.org/10.1037/h0093360
19 古浦一郎「特性名辞の研究」『古賀先生還暦記念心理学論文集』広島文理大学心理学教室・一九五二年
20 青木孝悦「性格表現用語の心理――辞典的研究 455語の選択、分類および望ましさの評定」『心理学研究』一九七一年42巻1号 1-13
21 Christie, R. & Geis, F. L. (1970) *Studies in Machiavellianism.* Elsevier Inc. https://doi.org/10.1016/C2013-0-10497-7
22 犬塚石夫「精神病質」『犯罪心理学研究』一九六六年3巻2号 55-59
23 堀要「犯罪性精神病質について」『刑法雑誌』一九六六年15巻1号 88-109
24 22に同じ
25 Hare, R. D. (1970) *Psychopathy: Theory and Research.* Wiley
26 12に同じ
27 大隅尚広・金山範明・杉浦義典・大平英樹「日本語版一次性・二次性サイコパシー尺度の信頼性と妥当性の検討」『パーソナリティ研究』二〇〇七年16巻1号 117-120
28 オウィディウス、田中秀央・前田敬作（訳）『転身物語』人文書院・一九六六年
29 Ellis, H. (1898) Auto-erotism: A psychological study. *Alienist and Neurologist, 19,* 260-299
30 Freud, S. (1914) On narcissism: An introduction.（懸田克躬・吉村博次（訳）(1969)「ナルシシズム入門」『フロイト著作集5 性欲論・症例研究』人文書院 pp.109-132）・一九六九年
31 Akhtar, S., & Thomson, J. A. (1982) Overview: Narcissistic personality disorder. *The American Journal of Psychiatry,*

139 (1), 12–20. https://doi.org/10.1176/ajp.139.1.12

32 Raskin, R. N., & Hall, C. S. (1979) A narcissistic personality inventory. *Psychological Reports, 45* (2), 590. https://doi.org/10.2466/pr0.1979.45.2.590

33 Back, M. D. (2018) The Narcissistic Admiration and Rivalry Concept. In A. D. Hermann, A. B. Brunell, & J. D. Foster (Eds.), *Handbook of Trait Narcissism: Key Advances, Research Methods, and Controversies* (pp. 57–67). Springer International Publishing https://doi.org/10.1007/978-3-319-92171-6_6

34 川崎直樹・小塩真司「病理的自己愛目録日本語版（PNI-J）の作成」『心理学研究』92巻1号 21–30. https://doi.org/10.4992/jjpsy.92.19217・二〇二一年

35 Myers, W. C., Burket, R. C., & Husted, D. S. (2006) Sadistic personality disorder and comorbid mental illness in adolescent psychiatric inpatients. *Journal of the American Academy of Psychiatry and the Law, 34* (1), 61–71

36 Kaminer, D., & Stein, D. J. (2001) Sadistic personality disorder in perpetrators of human rights abuses: a South African case study. *Journal of Personality Disorders, 15* (6), 475–486. https://doi.org/10.1521/pedi.15.6.475.19191

37 Buckels, E. E., Jones, D. N., & Paulhus, D. L. (2013) Behavioral confirmation of everyday sadism. *Psychological Science, 24* (11), 2201–2209. https://doi.org/10.1177/0956797613490749

38 Hamilton, W. D. (1970) Selfish and spiteful behaviour in an evolutionary model. *Nature*, 228, 1218–1220. https://doi.org/10.1038/2281218a0

39 小林佳世子『最後通牒ゲームの謎――進化心理学からみた行動ゲーム理論入門』日本評論社・二〇二一年

40 Kimbrough, E. O., & Reiss, J. P. (2012) Measuring the distribution of spitefulness. *PLoS ONE, 7*, e41812. ttps://doi.org/10.1371/journal.pone.0041812

41 Marcus, D. K., Zeigler-Hill, V., Mercer, S. H., & Norris, A. L. (2014) The psychology of spite and the measurement of spitefulness. *Psychological Assessment, 26* (2), 563–574. https://doi.org/10.1037/a0036039
42 Adorno, T., Frenkel-Brunswik, E., Levinson, D., & Sanford, N. (1950) *The authoritarian personality*. Harper.
43 高野了太・高史明・野村理朗「日本語版右翼権威主義尺度の作成」『心理学研究』91巻6号　398-408・二〇二一年
44 Eysenck, H. J. (1976) *The measurement of personality*. University Park Press
45 Moshagen, M., Hilbig, B. E., & Zettler, I. (2018) The dark core of personality. *Psychological Review, 125* (5), 656–688. https://doi.org/10.1037/rev0000111
46 ジョン・A・バーン、酒井泰介（訳）『悪徳経営者——首切りと企業解体で巨万の富を手にした男』日経BP社・二〇〇〇年
47 同上　p.203
48 Burns, J. M. (1978) *Leadership*. Harper & Row
49 American Psychological Association (2023) *Leadership*. https://dictionary.apa.org/leadership
50 マックス・ウェーバー、世良晃志郎（訳）『支配の社会学Ⅱ　経済と社会』創文社・一九六二年
51 ウォルター・アイザックソン、井口耕二（訳）『スティーブ・ジョブズ（Ⅰ・Ⅱ）』講談社・二〇一一年
52 ウォルター・アイザックソン、井口耕二（訳）『イーロン・マスク（上・下）』文藝春秋・二〇二三年
53 ポール・バビアク、ロバート・D・ヘア、真喜志順子（訳）『社内の「知的確信犯」を探し出せ』ファーストプレス・二〇〇七年
54 エイミー・C・エドモンドソン、野津智子（訳）『恐れのない組織——「心理的安全性」が学習・イノベーション・成長をもたらす』英治出版・二〇二一年

55　Gallo, A. (2023) *What Is Psychological Safety?* Harvard Business Review
56　田中堅一郎「職場における非生産的行動：最近の研究動向」『産業・組織心理学研究』21巻1号 73–79・二〇〇七年
57　Fernández-del-Río, E., Ramos-Villagrasa, P. J., & Barrada, J. R. (2020) Bad guys perform better? The incremental predictive validity of the Dark Tetrad over Big Five and Honesty-Humility. *Personality and Individual Differences, 154*, 109700. https://doi.org/10.1016/j.paid.2019.109700
58　Gignac, G. E., Jones, C., Mason, N., Yuen, I., & Zajenkowski, M. (2023) Predicting attitudes toward cryptocurrencies and stocks: The divergent roles of narcissism, intelligence and financial literacy. *Personality and Individual Differences, 215*, 112382. https://doi.org/10.1016/j.paid.2023.112382
59　答弁書第一三号　内閣参質一九六第一三号　https://www.sangiin.go.jp/japanese/joho1/kousei/syuisyo/196/touh/t196013.htm
60　Sekścińska, K., & Rudzińska-Wojciechowska, J. (2022) Risk taking in gambling task: The role of psychological variables in lottery risk-taking. *Personality and Individual Differences, 197*(4), 111790. https://doi.org/10.1016/j.paid.2022.111790
61　Onyedire, N. G., Chukwuorji, J. C., Orjiakor, T. C., Onu, D. U., Aneke, C. I., & Ifeagwazi, C. M. (2019) Associations of Dark Triad traits and problem gambling: Moderating role of age among university students. *Current Psychology*. https://doi.org/10.1007/s12144-018-0093-3
62　豪徳寺三生『永田町の掟――「欲望渦巻く町」の超ぶっとび事情』光文社・一九九五年
63　ケヴィン・ダットン、小林由香利（訳）『サイコパス――秘められた能力』ＮＨＫ出版・二〇一三年
64　Jonason, P. K., Wee, S., & Li, N. P. (2015) Competition, autonomy, and prestige: Mechanisms through which the

Dark Triad predict job satisfaction. *Personality and Individual Differences*, *72*, 112–116. https://doi.org/10.1016/j.paid.2014.08.026

65 Lee, J. A. (1973) *Colours of Love: An Exploration of the Ways of Loving*. New Press

66 Lee, J. A. (1977) A Typology of Styles of Loving. *Personality & Social Psychology Bulletin*, *3* (2), 173–182. https://doi.org/10.1177/014616727700300204

67 Jonason, P. K., & Kavanagh, P. (2010) The dark side of love: Love styles and the Dark Triad. *Personality and Individual Differences*, *49* (6), 606–610 https://doi.org/10.1016/j.paid.2010.05.030

68 Clark, R. D., & Hatfield, E. (1989) Gender Differences in Receptivity to Sexual Offers. *Journal of Psychology & Human Sexuality*, *2* (1), 39–55. https://doi.org/10.1300/J056v02n01_04

69 リチャード・ワイズマン、木村博江（訳）『その科学があなたを変える』文藝春秋・二〇一三年

70 Tappé, M., Bensman, L., Hayashi, K., & Hatfield, E. (2013) Gender Differences in Receptivity to Sexual Offers: A New Research Prototype. *Interpersona: An International Journal on Personal Relationships*, *7* (2), 323–344. https://doi.org/10.5964/ijpr.v7i2.121

71 Dufner, M., Rauthmann, J. F., Czarna, A. Z., & Denissen, J. J. A. (2013) Are narcissists sexy? Zeroing in on the effect of narcissism on short-term mate appeal. *Personality & Social Psychology Bulletin*, *39* (7), 870–882. https://doi.org/10.1177/0146167213483580

72 Rauthmann, J. F., Kappes, M., & Lanzinger, J. (2014) Shrouded in the Veil of Darkness: Machiavellians but not narcissists and psychopaths profit from darker weather in courtship. *Personality and Individual Differences*, *67*, 57–63. https://doi.org/10.1016/j.paid.2014.01.020

73 71に同じ

74 72に同じ
75 Jonason, P. K., Jones, A., & Lyons, M. (2013) Creatures of the night: Chronotypes and the Dark Triad traits. *Personality and Individual Differences, 55* (5), 538–541. https://doi.org/10.1016/j.paid.2013.05.001
76 Jonason, P. K. (2018) Bright lights, big city: The Dark Triad traits and geographical preferences.*Personality and Individual Differences, 132,* 66–73. https://doi.org/10.1016/j.paid.2018.05.024
77 Oishi, S., Talhelm, T., & Lee, M. (2015) Personality and geography: Introverts prefer mountains. *Journal of Research in Personality, 58,* 55–68 https://doi.org/10.1016/j.jrp.2015.07.001
78 Rentfrow, P. J., Gosling, S. D., & Potter, J. (2008) A Theory of the Emergence, Persistence, and Expression of Geographic Variation in Psychological Characteristics. *Perspectives on Psychological Science: A Journal of the Association for Psychological Science, 3* (5), 339–369. https://doi.org/10.1111/j.1745-6924.2008.00084.x
79 仲嶺真・古村健太郎「ソシオセクシャリティを測る――SOI-R の邦訳」『心理学研究』 87巻 524–534. https://doi.org/10.4992/jjpsy.87.15224・二〇一六年
80 Freyth, L., & Jonason, P. K. (2023) Overcoming agreeableness: Sociosexuality and the Dark Triad expanded and revisited. *Personality and Individual Differences, 203,* 112009. https://doi.org/10.1016/j.paid.2022.112009
81 Clemens, C., Atkin, D., & Krishnan, A. (2015) The influence of biological and personality traits on gratifications obtained through online dating websites. *Computers in Human Behavior, 49,* 120–129. https://www.sciencedirect.com/science/article/abs/pii/S0747563215001429
82 Freyth, L., & Batinic, B. (2021) How bright and dark personality traits predict dating app behavior. *Personality and Individual Differences, 168,* 110316. https://doi.org/10.1016/j.paid.2020.110316
83 Tinder https://tinder.com/

84 Tinder Statistics – By Users, Demographic, Match Rate, Country, Usage and Social Media Traffic https://www.enterpriseappstoday.com/stats/tinder-statistics.html（二〇二三年一一月二〇日アクセス）

85 増井啓太・田村紋女・マーチ・エヴィータ「日本語版ネット荒らし尺度の作成」『心理学研究』89巻6号、602–610・二〇一八年

86 Feinstein, B., Bhatia, V., & Davila, J. (2014) Rumination mediates the association between cyber-victimization and depressive symptoms. *Journal of Interpersonal Violence*, *29*(9), 1732–1746. http://doi.org/10.1177/0886260513511534

87 86に同じ

88 March, E., Grieve, R., Marrington, J., & Jonason, P. K. (2017) Trolling on Tinder® (and other dating apps): Examining the role of the Dark Tetrad and impulsivity. *Personality and Individual Differences*, *110*, 139–143. https://doi.org/10.1016/j.paid.2017.01.025

89 鬼頭美江「恋愛関係はどのように崩壊するのか——第三者の参入有無に着目して」『明治学院大学社会学部付属研究所研究所年報』49巻　55–62.・二〇一九年

90 89に同じ

91 Jonason, P. K., Li, N. P., & Buss, D. M. (2010) The costs and benefits of the Dark Triad: Implications for mate poaching and mate retention tactics. *Personality and Individual Differences*, *48* (4), 373–378. https://doi.org/10.1016/j.paid.2009.11.003

92 Kardum, I., Hudek-Knezevic, J., Mehić, N., & Banov Trošelj, K. (2023) The dark triad traits and relationship satisfaction: Dyadic response surface analysis. *Journal of Personality*. https://doi.org/10.1111/jopy.12857

93 Allport, G. W., & Odbert, H. S. (1936) Trait-names: A psycho-lexical study. *Psychological Monographs*, *47* (1), 171. https://doi.org/10.1037/h0093360

94 Webster's Dictionary https://en.wikipedia.org/wiki/Webster%27s_Dictionary（二〇二三年一二月一二日アクセス）
95 ブライアン・クリスチャン、吉田晋治（訳）『機械より人間らしくなれるか？――AIとの対話が、人間でいることの意味を教えてくれる』草思社・二〇一二年
96 White, W. A. (1916) Extroversion and introversion. In W. A. White, *Mechanisms of character formation: An introduction to psychoanalysis* (pp. 222–244). MacMillan Co. https://doi.org/10.1037/10656-010
97 Jung, C. G. (1915) On psychological understanding. *The Journal of Abnormal Psychology*, *9* (6), 385–399. https://doi.org/10.1037/h0073967
98 Paulhus, D. L., & Williams, K. M. (2002) The Dark Triad of personality: Narcissism, Machiavellianism and psychopathy. In *Journal of Research in Personality* (Vol. 36, Issue 6, pp. 556–563). https://doi.org/10.1016/s0092-6566(02)00505-6
99 K・リー、M・C・アシュトン、小塩真司（監訳）、三枝高大・橋本泰央・下司忠大・吉野伸哉（訳）『パーソナリティのHファクター――自己中心的で、欺瞞的で、貪欲な人たち』北大路書房・二〇二二年
100 Gray, J.A. (1982) *The Neuropsychology of Anxiety: An Enquiry into the Functions of the Septo-Hippocampal Systems*. Oxford University Press.
高橋雄介・山形伸二・木島伸彦・繁桝算男・大野裕・安藤寿康「Grayの気質モデル――BIS/BAS尺度日本語版の作成と双生児法による行動遺伝学的検討」『パーソナリティ研究』二〇〇七年15巻3号、276–289. https://doi.org/10.2132/personality.15.276
101 Włodarska, K. A., Zyskowska, E., Terebus, M. K., & Rogoza, R. (2021) The Dark Triad and BIS/BAS: a Meta-Analysis. *Current Psychology*, *40* (11), 5349–5357. https://doi.org/10.1007/s12144-019-00467-8

102 岡田涼「自己愛傾向の下位側面と自尊感情との関連についてのメタ分析」『感情心理学研究』二〇一一年18巻2号、106–110

103 Kernis, M.H (2005) Measuring self–esteem in context: The Importance of Stability of Self-Esteem in Psychological Functioning. *Journal of Personality, 73* (*6*), 1569–1605. https://doi.org/10.1111/j.1467-6494.2005.00359.x

104 Zeigler-Hill, V., Myers, E. M., & Clark, C. B. (2010) Narcissism and self-esteem reactivity: The role of negative achievement events. *Journal of Research in Personality, 44* (*2*), 285–292 https://www.sciencedirect.com/science/article/abs/pii/S0092656610000309

105 小塩真司・西野拓朗・速水敏彦「潜在的・顕在的自尊感情と仮想的有能感の関連」『パーソナリティ研究』二〇〇九年17巻3号、250–260

106 Zeigler-Hill, V. (2006) Discrepancies between implicit and explicit self-esteem: implications for narcissism and self-esteem instability. *Journal of Personality, 74* (1), 119–144. https://doi.org/10.1111/j.1467-6494.2005.00371.x

107 Campbell, J. D. (1990) Self-esteem and clarity of the self-concept. *Journal of Personality and Social Psychology, 59* (3), 538–549. https://doi.org/10.1037/0022-3514.59.3.538

108 徳永侑子・堀内孝「邦訳版自己概念の明確性尺度の作成および信頼性・妥当性の検討」『パーソナリティ研究』二〇一二年20巻3号、193–203

109 Crocetti, E., & Van Dijk, M. P. A. (2018) Self-Concept Clarity. In R. J. R. Levesque (Ed.), *Encyclopedia of Adolescence* (pp. 3342–3346). Springer International Publishing. https://doi.org/10.1007/978-3-319-33228-4_808

110 Doerfler, S. M., Tajmirriyahi, M., Ickes, W., & Jonason, P. K. (2021) The self-concepts of people with Dark Triad traits tend to be weaker, less clearly defined, and more state-related. *Personality and Individual Differences, 180*, 110977. https://doi.org/10.1016/j.paid.2021.110977

111 Brenner, G. H. (2021) Why Poor Sense of Self Underlies Dark Triad Traits: Underlying vulnerabilities set the stage for problematic relationships. Psychology Today. https://www.psychologytoday.com/za/blog/experimentations/202105/why-poor-sense-self-underlies-dark-triad-traits

112 モバイル社会研究所「LINE 利用率８割超え：10〜50代まで８〜９割が利用」二〇二二年 https://www.moba-ken.jp/project/service/20220516.html

113 ソフトバンクニュース「消したくても消えない過去の投稿。ＩＴ弁護士が解説する「デジタルタトゥー」の危険性」二〇二三年 https://www.softbank.jp/sbnews/entry/20230118_02

114 Nitschinsk, L., Tobin, S. J., & Vanman, E. J. (2022) The dark triad and online self-presentation styles and beliefs. *Personality and Individual Differences, 194*, 111641. https://doi.org/10.1016/j.paid.2022.111641

115 Snyder, M. (1974) Self-monitoring of expressive behavior. *Journal of Personality and Social Psychology, 30* (4), 526–537. https://doi.org/10.1037/h0037039

116 Kowalski, C. M., Rogoza, R., Vernon, P. A., & Schermer, J. A. (2018) The Dark Triad and the self-presentation variables of socially desirable responding and self-monitoring. *Personality and Individual Differences, 120*, 234–237. https://doi.org/10.1016/j.paid.2017.09.007

117 Turner, I. N., Foster, J. D., & Webster, G. D. (2019) The Dark Triad's inverse relations with cognitive and emotional empathy: High-powered tests with multiple measures. *Personality and Individual Differences, 139*, 1–6. https://doi.org/10.1016/j.paid.2018.10.030

118 Gómez-Leal, R., Megías-Robles, A., Gutiérrez-Cobo, M. J., Cabello, R., Fernández-Abascal, E. G., & Fernández-Berrocal, P. (2019) Relationship between the Dark Triad and depressive symptoms. *PeerJ, 7*, e8120. https://doi.org/10.7717/peerj.8120

119 Yang, M., Qu, C., Zhang, Z., Guo, H., Guo, X., Yang, L., Tian, K., & Hu, W. (2022) Relationships between Dark Triad and negative emotions during COVID-19 lockdown: The chain mediating roles of negative coping and state boredom. *Current Psychology* , *43*(15), 1–13. https://doi.org/10.1007/s12144-022-03560-7

120 Miller, J. D., Dir, A., Gentile, B., Wilson, L., Pryor, L. R., & Campbell, W. K. (2010) Searching for a vulnerable dark triad: comparing Factor 2 psychopathy, vulnerable narcissism, and borderline personality disorder. *Journal of Personality*, *78* (5), 1529–1564. https://doi.org/10.1111/j.1467-6494.2010.00660.x

121 Masui, K. (2019) Loneliness moderates the relationship between Dark Tetrad personality traits and internet trolling. *Personality and Individual Differences*, *150*, 109475. https://doi.org/10.1016/j.paid.2019.06.018

122 増井啓太・田村紋女・マーチ・エヴィータ「日本語版ネット荒らし尺度の作成」『心理学研究』二〇一八年89巻6号、602–610

123 Eysenck, H. J. versus Kamin, L. (1981) Intelligence: The Battle for the Mind. London, Pan Macmillan.（H・J・アイゼンク、L・ケイミン、斎藤和明他（訳）『知能は測れるのか――IQ討論』筑摩書房・一九八五年）

124 ワトソン、那須聖（訳）『人間は如何に行動するか』創元社・一九四三年

125 124に同じ　p.376

126 Watson, J.B. (1924) Behaviorism. The People's Institute Publishing Company. P.82

127 藤田統・加藤宏（1983）「行動研究における遺伝の意味について――行動遺伝学の歴史と展望」『動物心理学年報』一九八三年33巻1号、49–65

128 'Landmark' study resolves a major mystery of how genes govern human height: Nearly 10,000 common gene variants influence how tall a person becomes. https://www.science.org/content/article/landmark-study-resolves-major-mystery-how-genes-govern-human-height

129 Lozano-Blasco, R., Quílez-Robres, A., Usán, P., Salavera, C., & Casanovas-López, R. (2022) Types of Intelligence and Academic Performance: A Systematic Review and Meta-Analysis. *Journal of Intelligence*, *10* (4). https://doi.org/10.3390/jintelligence10040123

130 Wraw, C., Deary, I. J., Gale, C. R., & Der, G. (2015) Intelligence in youth and health at age 50. *Intelligence*, *53*, 23–32. https://doi.org/10.1016/j.intell.2015.08.001

131 Calvin, C. M., Deary, I. J., Fenton, C., Roberts, B. A., Der, G., Leckenby, N., & Batty, G. D. (2011) Intelligence in youth and all-cause-mortality: systematic review with meta-analysis. *International Journal of Epidemiology*, *40* (3), 626–644. https://doi.org/10.1093/ije/dyq190

132 Michels, M. (2021) General Intelligence and the Dark Triad. *Journal of Individual Differences*. https://doi.org/10.1027/1614-0001/a000352

133 Anglim, J., Dunlop, P. D., Wee, S., Horwood, S., Wood, J. K., & Marty, A. (2022). Personality and intelligence: A meta-analysis. *Psychological Bulletin*, *148* (5–6), 301–336. https://doi.org/10.1037/bul0000373

134 Wright, C. M., & Cheetham, T. D. (1999) The strengths and limitations of parental heights as a predictor of attained height. *Archives of Disease in Childhood*, *81* (3), 257–260. https://doi.org/10.1136/adc.81.3.257

135 Whitley, E., Gale, C. R., Deary, I. J., Kivimaki, M., & Batty, G. D. (2011) Association of maternal and paternal IQ with offspring conduct, emotional, and attention problem scores. Transgenerational evidence from the 1958 British Birth Cohort Study. *Archives of General Psychiatry*, *68* (10), 1032–1038.
https://doi.org/10.1001/archgenpsychiatry.2011.111

136 Bühler, J. L., Orth, U., Bleidorn, W., Weber, E., Kretzschmar, A., Scheling, L., & Hopwood, C. J. (2023) Life Events and Personality Change: A Systematic Review and Meta-Analysis. *European Journal of Personality*,

08902070231190219. https://doi.org/10.1177/08902070231190219
137 Hudson, N. W., Briley, D. A., Chopik, W. J., & Derringer, J. (2019) You have to follow through: Attaining behavioral change goals predicts volitional personality change. *Journal of Personality and Social Psychology*, *117* (4), 839–857. https://doi.org/10.1037/pspp0000221
138 小塩真司・中間玲子『あなたとわたしはどう違う?――パーソナリティ心理学入門講義』ナカニシヤ出版・二〇〇七年
139 Vernon, P. A., Villani, V. C., Vickers, L. C., & Harris, J. A. (2008) A behavioral genetic investigation of the Dark Triad and the Big 5. *Personality and Individual Differences*, *44* (2), 445–452. https://doi.org/10.1016/j.paid.2007.09.007
140 Jonason, P. K., Lyons, M., & Bethell, E. (2014) The making of Darth Vader: Parent–child care and the Dark Triad. *Personality and Individual Differences*, *67*, 30–34. https://doi.org/10.1016/j.paid.2013.10.006
141 Tajmirriyahi, M., Doerfler, S. M., Najafi, M., Hamidizadeh, K., & Ickes, W. (2021) Dark Triad traits, recalled and current quality of the parent-child relationship: A non-western replication and extension. *Personality and Individual Differences*, *180*, 110949. https://doi.org/10.1016/j.paid.2021.110949
142 Jonason, P. K., Icho, A., & Ireland, K. (2016) Resources, Harshness, and unpredictability: The Socioeconomic Conditions Associated With the Dark Triad Traits. *Evolutionary Psychology: An International Journal of Evolutionary Approaches to Psychology and Behavior*, *14* (1), 1474704915623699. https://doi.org/10.1177/1474704915623699
143 e-Stat 人口動態調査 人口動態統計 確定数 乳児死亡 https://www.e-stat.go.jp/dbview?sid=0003411721
144 143に同じ
145 マンボウ「3億個の卵→2匹生き残る」はなぜ広まった? 専門家に聞く withnews https://withnews.jp/article/f0220922000qqf2220607001qqF0W06910201qq000025079A

146 杉山宙・高橋翠 (2015)「生活史理論のヒト発達への拡張――個人差とその発達に対する新たな視点」『東京大学大学院教育学研究科紀要』二〇一五年55巻、247–259

147 Kawamoto, T. (2015) The translation and validation of the Mini-K scale in Japanese. *Japanese Psychological Research*, *57* (3), 254–267. https://doi.org/10.1111/jpr.12083

148 Jonason, P. K., Foster, J. D., Egorova, M. S., Parshikova, O., Csathó, Á., Oshio, A., & Gouveia, V. V. (2017) The Dark Triad Traits from a Life History Perspective in Six Countries. *Frontiers in Psychology*, *8*, 1476. https://doi.org/10.3389/fpsyg.2017.01476

149 ジェームス・ファロン，影山任佐（訳）『サイコパス・インサイド――ある神経科学者の脳の謎への旅』金剛出版・二〇一五年，「神経科学者が自分の脳を調べたらサイコパスだったことが発覚」Gigazine 二〇一三年一一月二九日 https://gigazine.net/news/20131129-psychopath-neuroscientist/

150 Roberts, B. W., Caspi, A., & Moffitt, T. E. (2001) The kids are alright: growth and stability in personality development from adolescence to adulthood. *Journal of Personality and Social Psychology*, *81* (4), 670–683. https://doi.org/10.1037//0022-3514.81.4.670

151 Soto, C. J., John, O. P., Gosling, S. D., & Potter, J. (2011) Age differences in personality traits from 10 to 65: Big Five domains and facets in a large cross-sectional sample. *Journal of Personality and Social Psychology*, *100* (2), 330–348. https://doi.org/10.1037/a0021717

152 川本哲也・小塩真司・阿部晋吾・坪田祐基・平島太郎・伊藤大幸・谷伊織「ビッグ・ファイブ・パーソナリティ特性の年齢差と性差――大規模横断調査による検討」『発達心理学研究』二〇一五年26巻2号、107–122. https://doi.org/10.11201/jjdp.26.107

153 Kawamoto, T., Shimotsukasa, T., & Oshio, A. (2020) Cross-sectional age differences in the Dark Triad traits in

two Japanese samples. *Psychology and Aging, 35* (1), 91–96. https://doi.org/10.1037/pag0000399
154 Hartung, J., Bader, M., Moshagen, M., & Wilhelm, O. (2022) Age and gender differences in socially aversive ("dark") personality traits. *European Journal of Personality, 36* (1), 3–23. https://doi.org/10.1177/0890207020988435
155 Robins, R. W., Trzesniewski, K. H., Tracy, J. L., Gosling, S. D., & Potter, J. (2002) Global self-esteem across the life span. *Psychology and Aging, 17* (3), 423–434. https://doi.org/10.1037//0882-7974.17.3.423
156 Roberts, B. W., Caspi, A., & Moffitt, T. E. (2001) 155に同じ
157 Bühler, J. L., Orth, U., Bleidorn, W., Weber, E., Kretzschmar, A., Scheling, L., & Hopwood, C. J. (2023) Life Events and Personality Change: A Systematic Review and Meta-Analysis. *European Journal of Personality*, 08902070231190219. https://doi.org/10.1177/08902070231190219
158 ポール・タフ、高山真由美（訳）『成功する子 失敗する子――何が「その後の人生」を決めるのか』英治出版・二〇一三年
159 アンジェラ・ダックワース、神崎朗子（訳）『やり抜く力 ＧＲＩＴ――人生のあらゆる成功を決める「究極の能力」を身につける』ダイヤモンド社・二〇一六年
160 竹橋洋毅・樋口収・尾崎由佳・渡辺匠・豊沢純子「日本語版グリット尺度の作成および信頼性・妥当性の検討」『心理学研究』二〇一八年89巻6号、580–590
161 Duckworth, A. L., Peterson, C., Matthews, M. D., & Kelly, D. R. (2007) Grit: perseverance and passion for long-term goals. *Journal of Personality and Social Psychology, 92* (6), 1087–1101. https://doi.org/10.1037/0022-3514.92.6.1087
162 Baumeister, R. F., Campbell, J. D., Krueger, J. I., & Vohs, K. D. (2003) Does High Self-Esteem Cause Better Performance, Interpersonal Success, Happiness, or Healthier Lifestyles? *Psychological Science in the Public Interest: A*

Journal of the American Psychological Society, *4* (1), 1–44. https://doi.org/10.1111/1529-1006.01431

163 Harris, M. A., & Orth, U. (2020) The link between self-esteem and social relationships: A meta-analysis of longitudinal studies. *Journal of Personality and Social Psychology*, *119* (6), 1459–1477. https://doi.org/10.1037/pspp0000265

164 Twenge, J. M., & Campbell, W. K. (2009) The Narcissism Epidemic: Living in the Age of Entitlement. New York: Free Press.（ジーン・M・トウェンギ／W・キース・キャンベル、桃井緑美子訳『自己愛過剰社会』河出書房新社・二〇一一年）

165 山崎勝之『自尊感情革命――なぜ、学校や社会は「自尊感情」がそんなに好きなのか?』福村出版・二〇一七年

166 朝日新聞朝刊　二〇二四年一月七日

167 Dweck, C. S., Chiu, C.-Y., & Hong, Y.-Y. (1995) Implicit theories and their Role in judgments and reactions: A World from two Perspectives. *Psychological Inquiry*, *6* (4), 267–285. https://doi.org/10.1207/s15327965pli0604_1

168 ジュリア・ショウ、服部由美（訳）『悪について誰もが知るべき10の事実』講談社・二〇一九年

169 兼本浩祐『普通という異常――健常発達という病』講談社・二〇二三年

170 スティーブン・ピンカー、幾島幸子・塩原通緒（訳）『暴力の人類史（上巻）』青土社・二〇一五年

171 澤田匡人・新井邦二郎「妬みの対処方略選択に及ぼす、妬み傾向、領域重要度、および獲得可能性の影響」『教育心理学研究』二〇〇二年50巻2号、246–256. https://doi.org/10.5926/jjep1953.50.2_246

172 山蔦圭輔・佐藤寛・笹川智子・山本隆一郎・中井義勝・野村忍「女子学生を対象とした新版食行動異常傾向測定尺度の開発」『心身医学』二〇一六年56巻7号、737–747. https://doi.org/10.15064/jjpm.56.7_737

173 増井啓太・下司忠大・澤田匡人・小塩真司「日本語版強欲傾向尺度の作成」『心理学研究』二〇一八年88巻6号、566–573. https://doi.org/10.4992/jjpsy.88.16240

174 下坂剛「男性用性的欲求尺度の作成と信頼性・妥当性の検討」『応用心理学研究』二〇一九年44巻3号、183–190. https://doi.org/10.24651/oushinken.44.3_183

175 下司忠大・小塩真司「特権意識の構造と特徴――3つの特権意識に注目して」『パーソナリティ研究』二〇一六年24巻3号、179–189. https://doi.org/10.2132/personality.24.179

176 Veselka, L., Giammarco, E. A., & Vernon, P. A. (2014) The Dark Triad and the seven deadly sins. *Personality and Individual Differences, 67*, 75–80. https://doi.org/10.1016/j.paid.2014.01.055

177 ウォルター・シャイデル、鬼澤忍・塩原通緒（訳）『暴力と不平等の人類史――戦争・革命・崩壊・疫病』東洋経済新報社・二〇一九年

178 177に同じ

179 世帯の所得格差「ジニ係数」が過去最大水準…21年、高齢化で「当初所得」低い人増える　読売新聞オンライン　二〇二三年八月二二日

180 アンドリュー・ゾッリ、アン・マリー・ヒーリー、須川綾子（訳）『レジリエンス　復活力――あらゆるシステムの破綻と回復を分けるものは何か』ダイヤモンド社・二〇一三年

181 下司忠大・小塩真司「Dark Triad と向社会性――向社会的な社会に向けて」『心理学評論』二〇二〇年63巻4号、422–432. https://www.jstage.jst.go.jp/article/sjpr/63/4/63_422/_article/-char/ja/

ちくま新書
1806

「性格《せいかく》が悪《わる》い」とはどういうことか
――ダークサイドの心理《しんり》学《がく》

二〇二四年七月一〇日　第一刷発行
二〇二四年一一月一〇日　第四刷発行

著者　小塩真司（おしお・あつし）

発行者　増田健史
発行所　株式会社 筑摩書房
東京都台東区蔵前二―五―三　郵便番号一一一―八七五五
電話番号〇三―五六八七―二六〇一（代表）
装幀者　間村俊一
印刷・製本　三松堂印刷 株式会社

ISBN978-4-480-07631-1 C0211

ちくま新書

708
3年で辞めた若者はどこへ行ったのか
――アウトサイダーの時代
城繁幸
『若者はなぜ3年で辞めるのか?』で昭和的価値観に苦しむ若者を描いた著者が、辞めたアウトサイダー達の「平成的な生き方」を追跡する。

710
友だち地獄
――「空気を読む」世代のサバイバル
土井隆義
周囲から浮かないよう気を遣い、その場の空気を読もうとするケータイ世代。いじめ、ひきこもり、リストカットなどから、若い人たちのキツさと希望のありかを描く。

757
サブリミナル・インパクト
――情動と潜在認知の現代
下條信輔
巷にあふれる過剰な刺激は、私たちの情動を揺さぶり潜在脳に働きかけて、選択や意思決定にまで影を落とす。心の潜在性という沃野から浮かび上がる新たな人間観とは。

802
心理学で何がわかるか
村上宣寛
性格と遺伝、自由意志の存在、知能のはかり方……。これらの問題を考えるには科学的方法が必要だ。俗説や疑似科学を退け、本物の心理学を最新の知見で案内する。

817
教育の職業的意義
――若者、学校、社会をつなぐ
本田由紀
このままでは、教育も仕事も、若者たちにとって壮大な詐欺でしかない。教育と社会との壊れた連環を修復し、日本社会の再編を考える。

880
就活エリートの迷走
豊田義博
超優良企業の内定をゲットした「就活エリート」。彼らが入社後に、ことごとく戦力外の烙印を押されている……。採用現場の表と裏を分析する驚愕のレポート。

981
脳は美をどう感じるか
――アートの脳科学
川畑秀明
なぜ人はアートに感動するのだろうか。モネ、ゴッホ、フェルメール、モンドリアン、ポロックなどの名画を題材に、人間の脳に秘められた最大の謎を探究する。

1001
日本文化の論点
宇野常寛
私たちは今、何に魅せられ、何を想像／創造しているのか。私たちの文化と社会はこれからどこへ向かうのか。人間と社会との新しい関係を説く、渾身の現代文化論！

1053
自閉症スペクトラムとは何か
――ひとの「関わり」の謎に挑む
千住淳
他者や社会との「関わり」に困難さを抱える自閉症。その原因は何か。その障壁とはどのようなものか。診断・遺伝・発達などの視点から、脳科学者が明晰に説く。

1066
使える行動分析学
――じぶん実験のすすめ
島宗理
仕事、勉強、恋愛、ダイエット……。できない、守れないのは意志や能力の問題じゃない。行動分析学の理論で推理し行動を変える「じぶん実験」で解決できます！

1090
反福祉論
――新時代のセーフティーネットを求めて
金菱清
大澤史伸
福祉に頼らずに生き生きと暮らす、生活困窮者やホームレス。制度に代わる保障を発達させてきた彼らの生活実践に学び、福祉の限界を超える新しい社会を構想する。

1091
もじれる社会
――戦後日本型循環モデルを超えて
本田由紀
もじれる＝もつれ＋こじれ。行き詰まり、閉々とした状況にある日本社会の見取図を描き直し、教育・仕事・家族の各領域が抱える問題を分析、解決策を考える。

1108
老人喰い
――高齢者を狙う詐欺の正体
鈴木大介
オレオレ詐欺、騙り調査、やられ名簿……。平均貯蓄額2000万円の高齢者を狙った、「老人喰い＝特殊詐欺犯罪」の知られざる正体に迫る！

1116
入門　犯罪心理学
原田隆之
目覚ましい発展を遂げた犯罪心理学。最新の研究により、防止や抑制に効果を発揮する行動科学となった。「新しい犯罪心理学」を紹介する本邦初の入門書！

ちくま新書

1120 ルポ 居所不明児童 ——消えた子どもたち　石川結貴

貧困、虐待、家庭崩壊などが原因で、少なくはない子どもたちの所在が不明になっている。この国で社会問題化しつつある「消えた子ども」を追う驚愕のレポート。

1149 心理学の名著30　サトウタツヤ

臨床や実験など様々なイメージを持たれている心理学。それを「認知」「発達」「社会」の側面から整理しなおし、古典から最新研究までを解説したブックガイド。

1160 あざむかれる知性 ——本や論文はどこまで正しいか　村上宣寛

直感や思いつきは間違いの元。ダイエット、健康、仕事、幸福について、メタ分析を駆使した結論を紹介。ゴミ知識にまどわされず本当に有益な知識へ案内する。

1163 家族幻想 ——「ひきこもり」から問う　杉山春

現代の息苦しさを象徴する「ひきこもり」。閉ざされた内奥では何が起きているのか？〈家族の絆〉という神話に巨大な疑問符をつきつける圧倒的なノンフィクション。

1190 ふしぎな部落問題　角岡伸彦

もはや差別だけでは語りきれない。部落を特定する膨大なネット情報、過敏になりすぎる運動体、同和対策事業の死角。様々なねじれが発生する共同体の未来を探る。

1205 社会学講義　橋爪大三郎／佐藤郁哉／吉見俊哉／大澤真幸／若林幹夫／野田潤

社会学とはどういう学問なのか？　基本的な視点から説き起こし、テーマの見つけ方・深め方、フィールドワークの手法までを講義形式で丁寧に解説。入門書の決定版。

1216 モテる構造 ——男と女の社会学　山田昌弘

女は女らしく、男は男らしく。こんな価値観が生き残っているのはなぜか。三つの「性別規範」が、深く感情に根ざし、男女非対称に機能している社会構造を暴く。

ちくま新書

1225
AV出演を強要された彼女たち
宮本節子
AV出演を強要された！ そんな事件が今注目されている。本書は女性たちの支援活動をしてきた著者による初の報告書。ビジネスの裏に隠された暴力の実態に迫る。

1226
「母と子」という病
高橋和巳
人間に最も大きな心理的影響を及ぼす存在は「母」であり、誰もが逃れられない。母を三つのタイプに分け、それぞれの子との愛着関係と、そこに潜む病を分析する。

1233
ルポ 児童相談所
――一時保護所から考える子ども支援
慎泰俊
自ら住み込み、100人以上の関係者に取材し「一時保護所」の現状を浮かび上がらせ、課題解決策を探る。若き社会起業家による、社会的養護の未来への提言。

1235
これが答えだ！ 少子化問題
赤川学
長年にわたり巨額の税金を投入しても一向に改善しない少子化問題。一体それはなぜか。少子化対策をめぐるパラドクスを明らかにし、この問題に決着をつける！

1242
LGBTを読みとく
――クィア・スタディーズ入門
森山至貴
広まりつつあるLGBTという概念。しかし、それだけでは多様な性は取りこぼされ、マイノリティに対する差別もなくならない。正確な知識を得るための教科書。

1303
こころの病に挑んだ知の巨人
――森田正馬・土居健郎・河合隼雄・木村敏・中井久夫
山竹伸二
日本人とは何か。その病をどう癒やすのか。独自の精神医療、心理療法の領域を切り開いてきた五人の知の巨人たちを取り上げ、その理論の本質と功績を解説する。

1321
「気づく」とはどういうことか
――こころと神経の科学
山鳥重
「なんで気づかなかったの」など、何気なく使われるこの言葉を手掛かりにこころの不思議に迫っていく。注意力が足りない、集中できないとお悩みの方に効く一冊。

ちくま新書

1323
朝ドラには働く女子の本音が詰まってる
矢部万紀子
女子はなぜ朝ドラに惹かれるのか。それはヒロインの人生の戦いは、すべての働く女子の戦いに重ねられるから。炸裂する女子のホンネから現代社会も見えてくる。

1333-5
格差社会を生き抜く読書
【シリーズ ケアを考える】
佐藤優
池上和子
波瀾万丈な人生を歩んできた佐藤氏と、貧困の現実に詳しい臨床心理士の池上氏が、格差社会のリアルを語る。危機の時代を生き抜くための読書案内。

1360
「身体を売る彼女たち」の事情
――自立と依存の性風俗
坂爪真吾
なぜ彼女たちはデリヘルやJKリフレで働くのか？ そこまでお金が必要なのか？ 一度入ると抜け出しにくいグレーな業界の生の声を集め、構造を解き明かす！

1371
アンダークラス
――新たな下層階級の出現
橋本健二
就業人口の15％が平均年収186万円。この階級の人々はどのように生きているのか？ 若年・中年、女性、高齢者とケースにあわせ、その実態を明らかにする。

1402
感情の正体
――発達心理学で気持ちをマネジメントする
渡辺弥生
わき起こる怒り、悲しみ、屈辱感、後悔……。悪感情に翻弄されないためにどうすればいいか。友情や公共心を育み、勉強や仕事の能率を上げる最新の研究成果とは。

1419
夫婦幻想
――子あり、子なし、子の成長後
奥田祥子
愛情と信頼に満ちあふれた夫婦関係は、いまや幻想なのか。不安やリスクを抱えつつも希望を見出そうとして苦闘する夫婦の実態を、綿密な取材に基づいて描き出す。

1422
教育格差
――階層・地域・学歴
松岡亮二
親の学歴や居住地域など「生まれ」によって、子どもの学歴・未来は大きく変わる。本書は、就学前から高校まで教育格差を緻密に検証し、採るべき対策を提案する。

ちくま新書

1433
ソーシャルワーカー
――「身近」を革命する人たち
井手英策／柏木一惠
加藤忠相／中島康晴
悲惨に立ち向かい、身近な社会を変革するソーシャルワーカー。人を雑に扱う社会から決別し、死ぬまで人間らしく生きられる社会へ向けて提言した入魂の書！

1434
ルポ 平成ネット犯罪
渋井哲也
出会い系、自殺系、裏サイト、闇サイトを舞台にした売春、ドラッグ、自殺、いじめ……。リアル世界に飛び出したネット事件を歩き、バーチャル空間の功罪を探る。

1439
痴漢外来
――性犯罪と闘う科学
原田隆之
痴漢は犯罪であり、同時にその一部は「性的依存症」という病でもある。10年以上にわたり痴漢の治療に携わってきた犯罪心理学者が、その病の実態に迫る。

1489
障害者差別を問いなおす
荒井裕樹
「差別はいけない」。でも、なぜ「いけない」のかを言葉にする時、そこには独特の難しさがある。その理由を探るため差別されてきた人々の声を拾い上げる一冊。

1521
ルポ 入管
――絶望の外国人収容施設
平野雄吾
「お前らを日本から追い出すために入管（ここ）があるんだ」。密室で繰り広げられる暴行、監禁、医療放置――。巨大化する国家組織の知られざる実態。

1611
「ひきこもり」から考える
――〈聴く〉から始める支援論
石川良子
葛藤を言葉にできない「語れなさ」を抱えて立ちすくむ「ひきこもり」。その支援の本質は当事者の声を〈聴く〉ことにある。読むとなぜかホッとする支援論。

1699
親は選べないが人生は選べる
高橋和巳
どんな人も、生まれる環境や親は選べないが、そこから自分の人生を自由に選ぶことはできる。カウンセリング経験豊かな精神科医が「親との別れ方」を指南する。